たんちゃん

亀井 寿子
Hisako Kamei

文芸社

たんちゃん

目次

第一章　たんちゃん、外地へ

たんちゃん

梶井剛は岡山県南部の村に五人目の子として生まれた。祖父の愛蔵は、農民兵として官軍に従って討伐に赴き、士族となり、そのために税金を免除され生活にはゆとりがあった。父、半次郎は村会議員をしていたが、派手な性格で苦労を知らないため、人の話に乗せられて石の採掘に手を出したり、次々に馴れない事業に関わって失敗し、山林、田畑はことごとく人手に渡ってしまった。剛の生まれたころは「醤油屋」と呼ばれていた。

剛は別名を忠良《ただよし》という。身内では剛さんと言わず、終生「たんちゃん」で通っていた。生まれた時は貧乏のどん底で、兄弟は体格が良いのに、剛はまことに小さな赤ん坊で「どうせ助からないだろう」と、皆は初めから諦めていた。時に、父・四十八歳、母・四十一歳。そのような中で、十八歳年上の姉、美津恵の献身的な介護を受けて、無事に生きのびることが出来た。

二十歳年上の兄がお嫁さんを貰ってから、姪や甥が四人も生まれて、小学生のころは毎日子守をさせられた。大家族で生活は苦しく、学校へ持って行く弁当のおかずは必ず梅干しに沢庵と決まっていた。勉強する暇はなかったが、成績はいつも一番か二番で、とりわけ算数が得意だった。

旅立ち

昭和六年に十五歳の春を迎えた。有隣高等小学校高等部三年生であった。春は卒業、就職のシーズンである。仲良しだった一歳年上の井上竹二君は牛乳店の店員になるため、大阪へ旅立って行った。剛も今年中に仕事先を見つけなければと思っても、農村では剛たちを受け入れてくれる就職先は全くなかった。剛は一生懸命に就職運動を始めた。嫁いでいった隣の娘さんの夫が国鉄の職員だと聞けば、すぐ飛んで行って就職を頼み、隣の集落の人が大阪のデパートへ勤めていると聞けば、手紙を出して頼んだ。

しかし、世の中は不景気の真只中だった。そして剛が藁をも摑む思いで依頼した相手の人々は、就職間もない新米の従業員であるから、思うようにいくはずがない。はかない努力を続けているうちにも、月日はむなしく流れて行った。

九月に勃発した満州事変はますます拡大して、世の中が騒然としている中で、昭和六年もようやく年の瀬を迎えようとしていた。十二月になってから待ち焦がれた就職先がやっと見つかった。

さぁ、いよいよ船出だ、前途はバラ色に輝いている、当時の剛にはそう思え、嬉しくてなかなか眠れなかった。

十二月上旬、卒業を目前にして学校へは退学届けを出し、新しく買ってもらった柳行李に身の回りの品々を詰め、父親に見送られ岡山駅を旅立った。ボーッという汽笛と共に列車が動き出した時「あぁ、いよいよこれから一人ぼっちだ」と思ったら、心細さに涙がとめどもなく流れだした。

鈍行列車に十二時間ほど揺られ、一睡もできずに夜明け前に下関駅に着いた。誰も迎えに来ていないので、地図を頼りに尋ね尋ねて、ようやく目指す小橋商店にたどりついた。「よう来た。腹が減っとるじゃろう」と、食堂へ連れて行かれご飯を食べさせてもらった。その後すぐに服も着替えないまま仕事についた。店は年末商戦の真最中でただちに小売り部へ配属された。同僚は十九歳の宮本さんを頭に剛を入れて五名である。

下関時代

一年先輩の米杉さんに連れられて銀行や郵便局、そして商品の配達と店員修行が始まった。

店の生活は六時半の起床に始まる。大急ぎで顔を洗ってすぐ店内の掃き掃除、表道路の清掃、事務所や商品のハタキがけ、そして拭き掃除、それがすんで漸く朝食である。食料品店なので食べ物は豊富で、食事時が楽しみだった。大きなおひつに白米のご飯が山盛り、魚が一皿ずつに味噌汁がついている。ライスカレーの時は、牛肉がたくさん入っていた。

朝食後の剛たちの任務は来店客への食料品の販売と、電話で注文のあった商品の配達である。配達区域は市内一円であるが、少し多額の注文があった場合は、ずいぶん遠方まで配達に行かされたので、市内の地理には明るくなった。店ではほとんど九割までが通信販売によって営業が行われていた。毎週水曜日には約三千名の顧客に対してダイレクト・メールを発送する。この帯封を書くのが剛たちの務めである。

一日のうちで用事の少ない時間を選んで、毎日約百枚の帯封を書き続けなければならない。これはかなり苦しい仕事であった。やっと受け持ちの六百枚を書き上げると、すぐ水曜日がやって来る。当日は夕食後、住み込みの全従業員が総動員される。新聞の半ページの大きさで、それを二枚ページを合わせきちっと折りたたみ、先に準備した帯封を貼って出来上がり。これを足踏みの三輪車で郵便局へ持って行って発送する。いつも三時間位かかっていたと思う。郵送先は北九州、朝鮮半島の南部、山口、島根、広島辺りまで。

この他、毎日三回、郵便局へ私書箱を開けに行く仕事や国鉄の駅へ甲片（代金引き換えで発送した荷物の代金引換券）を持って、お金を受け取りに行く仕事、銀行へのお使い等々、雑務が多く忙しい毎日が続いた。夜は九時まで店番である。生まれて初めて知らぬ土地で、日曜も祭日もない長時間労働は、大変つらい毎日であった。

こうした毎日を送るうちに、何も知らなかった田舎出の少年が、商品の名前や値段を一つずつ覚え、色々な新しい知識を吸収して行った。当時を振り返りなつかしく思い出される商品に、キューピー・マヨネーズ、リプトン紅茶、カゴメ・ケチャップなどがある。これらのものは、店に勤めてから初めて知った。当時の剛には、ずいぶん新鮮な商品だった。それらの商品が今もなお、同じ商標で売られていることを思うと、有名ブランドの強さを感じずにはいられない。

三月たち、半年たつうちに、だんだん同僚とも親しくなり、店の仕事もどうやら出来るようになった。心が落ち着いてくると、周囲を見回して見るゆとりが出来た。しだいに店の模様が分かってきた。

店は個人商店で、営業係（帳場さんと言っていた）、出荷係（仲仕）、それに剛たち小売り係（小僧さん）の三部門から成っている。従業員は三十人ほど。帳場さんの他は全員住み込みで、大部屋で寝起きを共にした。

帳場さんは主人の奥さんの兄の玉木という人が会計兼総支配人で、総員五名、いずれも勤続二十年を越える最古参である。帳場さんは全員店の外から通って来る。朝は出勤が一番遅く、服装は背広にネクタイ、販売と記帳に従事していて、文字通り店の最高幹部である。

帳場さんと小売り係を除いた残り全員が、出荷係であった。店で扱っている食料品は、白砂糖(百五十キロ、六十キロ、三十キロ)、白ザラ(九十キロ)、大豆、小麦粉、缶詰等々、いずれも重量物である。当時はまだ、自動車は珍しく、大半の商品は専属の馬車屋がいて、下関駅へ、小型貨物船の船着き場へと馬車で運んだ。この積み込みや到着荷物の荷下ろしが、出荷係の仕事である。一部、市内のお客さんへの配達は足踏みの三輪車で運んでいた。

出荷係は店員というよりも、肉体労働者の集団であった。

小売り係としての剛の生活は相変わらず多忙で、そして単調な毎日の連続だった。しかし、店員になったからには努力して立派な店員にならねばと、一日、一日を一生懸命に働いた。学校では先生から「社会に出たら、与えられた仕事に一生懸命はげみなさい。かならず成功します」と、繰り返し教えられていた。入店当時は自分なりに努力し、バラ色の夢を抱いていたが、社会の現実を深く知れば知るほど、自分の将来に対する疑問が湧き出してくるのをどうすることもできなかった。

自分が今の仕事を一生懸命続けたら、五年後の自分は？　十年後は？　そして二十年後の自分は、一体どこまで向上することが可能なのか？　というきわめて当然な疑問である。五年後の自分は前例に従えば出荷係になるはずである(二十歳までが小僧さん)。体重が四十キロと小さい剛が、どうして百五十キロもある砂糖の袋をかつげるだろうか？　それが出来ない人間など店にとっては全く価値のない存在である。こう考えが進むと大変なショックで、悩み続けた。しかし、他の同僚は皆、いたってのんきだった。彼らは剛と違い体格も良く、さし当たって困るわけでなく、別に大きな夢もないように見えた。

あこがれのサラリーマン

深い悩みを持ちながらも、単調な店の生活を続けている剛の目に、広い世間には自分たちと全く異なった生活をしている人々がいる、ということが次第に分かってきた。それは大発見だった。当時は「月給取り」と言った。

朝、剛が一仕事を終わった頃、背広姿でゆうゆう出勤して行く彼ら、そして五時過ぎにはもう一日の勤めを終えて家路を急いでいる。日曜、祭日は休み、恵まれた彼らの姿が、見まいとしても目の中へ飛びこんで来た。

年中無休の長時間労働、安い給料(当時の剛の月給は八円、米約一俵分)、剛たちと彼らの間には、どうしてこうも開きがあるのか？　私も月給取りになりたい。どうしたらなれるのか？　剛は一生懸命考えた。回りには誰も的確な回答を与えてくれる者はいなかった。月日が経つにつれ疑問はますます強く、大きくなって行った。

おぼろげに分かってきたのは、彼らは中学以上の学歴を持っているということ。何とかして中学卒業と同等の資格を得なければ、剛の運命を切り拓く方法はないということを知った。仕事にも馴れた翌年の五月、新聞で「早稲田の中学講義録」の広告を見つけ、すぐさま送金して取り寄せた。ほかの小僧さんたちも、けっして自分の境遇に満足しているわけではない。皆が勉強を試みてはみるものの、毎日の労働がきついので、三月と続くものはいなかった。冬は九時、夏は十時くらいに閉店し、銭湯へ行ってから寝ると、いつも十二時になった。朝が起きられず、毎日起こされていた。

高等小学校では優等生であった剛にとって、勉学するということは大変楽しいことである。国語、漢文、代数等々、新鮮な知識を得ることは無上の喜びであった。しかし、それにもまして有難かったのは、機関紙が送られてくることだった。

機関紙には講義録での勉強方法や、受講者からの投書ほか色々なことが載っていた。毎号、とても美しい詩を投書する少女があり、それを読むために新しい機関紙の到着を待ちわびたこともあった。機関紙は剛には大切な存在で、自分の前に立ちはだかる多くの困難を打ち破るための、いろんな知識を与えてくれた。勉強に必要な参考書の名前や価格、発行所も教えてくれた。「専検」（専門学校入学資格検定試験）というものがあること、「文官普通試験」があること、また、それらの試験に合格したら、どのような途が開けるのか、それから、社会には、どのような制度があり、どのように組織されているのか等々、剛が一番知りたいことで、しかも誰からも教えてもらえなかった貴重な知識を与えてくれたのも、機関紙であった。

こう書いてくると剛は急速に物知りになったように思われるが、決してそうではない。永い、永い月日をかけて一つ、また一つと断片的な知識が入ってきて、それらの知識が、かなりの量になった時、それらの知識を整理、整頓して組織化し「あぁ、世の中の仕組みはこうなっているのか」と自分で判断したわけである。大体のことが分かるまでには二年も三年もの期間が必要だった。けれども、こうした知識を得たことは剛にとっては大変役に立った。

後日、剛は東京神田の書店からどんどん参考書を取り寄せて勉強したし、高等試験令第七条の試験を受験し、七科目中、五科目に合格した。また、文官普通試験を受験して合格し、朝鮮総督府へ就職し官吏になることによって少年時代の夢を達成し得たのも、講義録で得た知識の賜物だった。

商品の管理

ここで話を変え、商品管理について書いておきたい。

商品の在庫管理は五十年後の今日でも、よほどの大企業でないと完全には行われていない。しかし、小橋商店では当時すでに商品の在庫管理ができていた。これは帳場さんと、出荷係の手で実行された。その方法はおおよそ次の通りである。

店では商品を販売した時、二枚に切り離せるようにミシン目の入った大型の伝票を用いた。この伝票の大きい方には商品の代金計算や発送方法、代金決済の手段など必要事項を記入し、小さい方へは品名、数量、送り先など出荷に必要な事項が記入される。

イ、伝票は帳場さんが作成し、元帳転記をすると共に、大きい伝票を用いて帳簿上のあるべき在庫数

前日残高＋仕入れ高－販売高＝本日在庫数

を全商品について計算して在庫表を作る

ロ、出荷係全員にはそれぞれ、担当の商品が割り当てられている。

各人は毎日閉店後、自分の担当する商品について直ちに現品を調査し、在庫表へ在高を記入する

ハ、最後に（イ）（ロ）の在庫表を突き合わせる

帳場さんは五時ごろから帳簿とお金と棚卸し商品の突き合わせを始めるが、全部が一致するまでは何時間かかっても、徹底的な調査がなされた。

在庫調べは毎日二時間位もかかる大変な仕事である。このおかげで店では、不正行為は全くないといって良い状態だった。

こうした制度がとられるようになったのには、深い理由があった。剛の聞いた話では、店員が勝手に商品を持ち出して金に換え、飲食遊興に使うことがしばしばで、時には店の幹部が馬車一杯の砂糖を持ち出して金に換えるという大事件も発生し、困りぬいた挙句に考え出された制度なのだという。

心に残る人々

出荷係に船越という四歳年上の人がいた。よくおならをするので皆は「ヘタレの兄ちゃ

ん」と呼んでいた。彼は音楽が好きで大正琴を大切にしていた。夜銭湯から帰って就寝前のひと時、それを取り出して部屋の片隅で演奏した。彼の弾き方は爪弾くのではなく、全くユニークな弾き方である。右手に竹箸を持ち、指先の弾力を利用して箸を弦にぶつけるのである。そうすると箸は弦の上で振動して、実に美しい音色を出した。兄ちゃんの弾く『荒城の月』は妙なる旋律を奏でる見事なものだった。その彼とも時々、自分たちの将来について語り合うことがあった。彼も剛と同じ疑問を持ち、何とかして自らの運命を開拓しようと考えていた。彼はまもなく山口県の警察官となって店をやめた。

小売り部では、三歳年上の柴田高麗男という人がいた。朝鮮慶尚南道の生まれである。名前が非常に珍しいので、今も忘れずにいる。大変な映画好きであった。彼は小売り部では古参であるから、剛に比べると大分自由な行動をとることができた。夜は剛たちに店番をさせて、よく映画を見に出かけた。帰ってから、今見てきた映画の俳優の名前や演技を、身振り、手振りを交えながら説明してくれたものである。その彼も徴兵検査がすむと同時に「自分は映画が大好きだ。警察官になれば、何時でも自由に映画を観ることができる」と言って大阪府の警察官になってしまった。

二人の先輩が相次いで、それぞれの目標に向かって去って行った後、剛は取り残されたような淋しさを感じた。

剛は相変わらず早稲田の講義録で勉強を続けていた。夜七時を過ぎてから閉店前までは、客足が減るので店番をしながら一生懸命に勉強した。そうした剛に対し店主や奥さんは、あまり好意的ではなかった。「本を読むな」とは一度も言われなかったけれど「本を読む暇があるなら、箒で掃いたり、はたきをかけたりすれば良いのに」といった気配をひしひしと感じていた。給料は二年間据え置きで、三年めになってようやく十二円に昇給した。しかし、その勉強もある所まで進むと、もうそれ以上一歩も前進しなくなった。あまりにも労働が激しく、時間的余裕がなさ過ぎたからである。

小橋商店では休日は、お盆が午後だけ半日休み、お正月は元旦だけ一日休みだった。けれども、大晦日の最後の店の大掃除が済んで、休むのは午前二時を過ぎていた。疲れ果て、正月に目を覚ますのは午前九時過ぎで、雑煮を祝うと大方午前中はすんでしまう状態であった。

日曜、祭日はもとより、一年中に、この他の休みは全くない。このような環境では本を読むといっても、寸暇を惜しんで一寸読む程度、勉強が進まなかったのも無理はない。一向に進まぬ勉強、月日のみがむなしく流れて行く、何とかしなければ、このままでは私の一生は駄目になってしまう。毎日悩んでいる間に、先に述べた二人の先輩は次々に店を去って行った。そうだ、私も店を辞《よ》して故郷へ帰ろう、もう一度、何か新しい道をさがそう、今なら、まだ、間に合うだろう。

ついに意を決して三年半に及ぶ店員生活に別れを告げた。剛が十九歳の夏のことであった。

郵便局時代

故郷に帰った剛は予想に反して、実に温かく迎えられた。剛が百円余りの郵便貯金を持って帰ったからである(下関の同僚はおおかた給料を使ってしまっていたようだ)。家の者や近所の人々に優しく迎えられた剛は、昼は農業の手伝いをしながら夜は勉学に精を出していた。

そのような生活を続けながら、他方では八方手づるを求めて新しい仕事を見つけようと努力した。十九歳という年齢は雇用の側から見て条件が良かったのか、前回に比べて比較的楽に就職口が見つかった。家から約八キロ離れた西大寺郵便局の電報配達の仕事だった。日給七十銭。その年の十二月に、二度めの就職をすることができた。

係の者は三人で、勤務は日勤一日、昼夜勤一日、宿直明け、と三日ごとに勤務時間が変わる。日勤の日は朝七時に出勤し、電報配達をしながら朝、昼、夜と三回、市内のポストを開けて郵便物を集める。昼夜勤の日は、朝七時から翌日七時まで二十四時間勤務である。するとで翌日の七時から翌々日の七時まで、まる一日有給休暇が与えられる。当初、地理に不案内だった剛は臨時で来ていた同年輩の岡崎さんに連れられて、町名や地区名を教わりながら配達した。少し馴れると先輩から道順を聞いて、一生懸命自転車のペダルを踏んだ。トンツー、トンツー電信機がなると、直ぐ飛んで行って配達である。忙しい時には配達して帰ると次の電報が着信しており、息つく暇もないが、時には長時間、配達がなく、のんびり遊ぶこともできた。

電報は郵便局から四キロメートルまでが配達区域だった。それよりも遠い地方へは、さらに小さい郵便局（特定郵便局）がある。それらの局には電信機がないので普通の電話機を用い、ハガキのハ、キッテのキという独特の送信方法で送信し、その特定郵便局から配達された。

電報配達を約三ヶ月続け、大分地理も分かりかけたなぁと思った頃、突然、郵便配達を命ぜられた。

最初は第五区の配達、区域は芳野村全域と西大寺の金山沖の両集落である。この配達が終わると、第二便として、午後一時から金岡区域の配達と同地区内のポストの郵便物を集めること、および、九蟠郵便局から郵便物を受け取ることが任務だった。集配手の仲間では、電報配達は二等兵、郵便配達は一等兵と、誰も言わないが暗黙のうちに認められた評価があった。剛は郵便配達係になれて大変うれしかった。

集配手は朝七時前に出勤し、まず、その日に配達すべき普通郵便物を配達の道順に整理する。次に書留郵便と小包を受け取り、さらに配達区域内のポストを開けるためのカギを受け取る。これで出発準備ＯＫである。

郵便配達は大変楽しい仕事である。それは郵便物を受け取る人々が皆、喜んで受け取ってくれるから。また、勤務時間も比較的短くて、天気の良い日は、市外配達係は三時頃には一日の勤務から解放され、勉強する時間はたっぷりあった。

よく晴れて凍てついた厳寒の朝、川のほとりを自転車で走っていた。十時ごろになると、凍った霜の表面だけが溶けてタイヤがツルツルすべる。あっという間もなく、川の中へまっしぐら。大切な郵便物が皮の鞄の中に入っている。濡らすまいと必死で頭の上に捧げていた。けれども衣服も身体もずぶ濡れになった。見つけた近くの人が助け上げてくれ、藁《わら》を燃して衣服を乾かしてくれた。黒住さんという奥さんは「国鉄へ勤めている息子の服があるから、それに着替えなさい」と言ってくださったので、ありがたく拝借して配達を続けた。

夏には、汗で制服の背中がびしょ濡れになる。それが乾くと、今度は真っ白な汗の結晶になった。さる村の名士の家へは、毎日配達する郵便物があった。そこではいつも、井戸で良く冷やした砂糖水を用意して待っていてくれた。秋になると、ちょうど配達先がぶどう栽培農家の区域だったので「郵便さん。毎日ごくろうさま。これを持ってお帰りなさい」と、方々から声がかかり、出荷した残りの美味しいぶどうを、たくさん貰ってきた。

雨が降ったら状況は一変する。郵便物は濡れ物である。小包には合羽を掛けねばならない、すると配達先が分からなくなる。また、道路はぬかるみになり自転車のタイヤがはまって動かなくなったりする。剛たちは皆、自転車に乗るのが上手だから雨傘をさして乗っていたが、道路が柔らかくなり自転車のタイヤがのめりこんでペダルが大変重くなるので、全くの重労働であった。郵便物を雨に濡らさないように配るには何倍もの苦労が要る。雨が降っても日給は同じだから大雨の日には必ず無断欠勤する人が何人かあり、郵便局では大変困っていた。その穴埋めを誰かがしなければならない。

郵便配達をほぼ二年ほど勤めた後で、剛は簡易保険の集金係になっていた。その集金係が、自分の仕事を放っておいて無償で、その郵便物を無断欠勤した者の代わりに配達して回った。

当時、西大寺は三等郵便局であった。局長が判任官待遇、その下に雇員（事務員）がいて、郵便配達は傭人（準職員）であった。傭人から雇員に進むために、誰も彼も真剣に勉強した。その方法はいろいろある。

一、試験を受けて、逓信講習所にはいる。一年したら、事務員になれる。二、警察官、消防士、軍隊の試験を受ける。など……

小柄で痩せている剛は、警察官などいずれにも適応不可能だった。まず第一に、身体検査ではねられるのが確実だったから。

剛は別の道を進むことを考えた。早稲田の機関紙に、神田神保町で、中古の参考書を扱っている書店の名前が載っていた。ただちに図書目録を取り寄せてみた。そこから、いろいろな書物を送ってもらい、一生懸命に勉強した。

逓信講習所を目指して勉強していた数人の後輩に、剛は無償の家庭教師を引き受けた。無事に合格できた彼らは逓信講習所を卒業して、剛よりも一足先に雇員になって、それぞれの勤務先へ赴任して行った。

剛自身は、教わるべき師が見つからず、もっぱら、古本屋から取り寄せた本を、完全に理解できるまで、繰り返し、繰り返し、読むよりほかに方法がなかった。岡山第一中学校で行われた専検を受けたら、まず、国語、漢文、地理、歴史、化学に合格した。

折しも、郵便局へ遊びにきていたお巡りさんが、こんな話をしていた。

「西大寺警察署の給仕さんが、普通文官試験に合格して、税務署の職員になり、任官したそうな。いっぺんに私よりも偉い人になってしもうた」

それを聞いた剛は、新しい目標に向けて勉強を始めた。

普通文官試験

お巡りさんの話を聞いてから一年ほどして、その普通文官試験が沖縄であることを知った。が、そこまで行くにはどうしたら良いか分からないので、諦めた。翌年、朝鮮まで行けば、毎年、試験が実施されることを知り、さっそく申し込んだ。

昭和十四年八月、大邱府で試験を受けた。大邱府まで到達するには、一昼夜かかる。試験の二日前の朝、集金の仕事を済ませてから、友達に借りた背広に着替え（制服一着きりなので）、郵便局の赤い自動車が岡山の局へ行くのに便乗した。岡山駅で大邱までの切符を求め、特急で八時間かかって下関に着いた。

そこで長時間並んで待って、ようやく関釜連絡船に乗りこみ八時間半。釜山でもまた、かなり待たされてから汽車に乗り、やっとのことで大邱に到着した。

宿を取ってから、あらかじめ試験場の下見に行き、場所、道順、到達するに要する時間などを確かめた。あくる日から三日間連続で筆記試験を受けた。試験が終わると、ただちに内地に帰り、もとの職場に復帰した。

筆記試験のあと、一ケ月余り経て

「筆記試験合格。○月○日、京城師範学校にて口頭試問をうけられたし」

と通知が届いた。

再び玄界灘を越えて、一日前に現地に到着、駐在所で旅館を世話してもらった。翌日、口頭試問を受けた。即日結果発表とのことで、午後、見に行ったら合格していた。

激しい受験勉強で、ガリガリに痩せて、血の混じったような濃い色の尿が出た。しばらく本から離れて栄養を補給し、身体を養った。しかし、仕事だけは一日も休まなかった。

また、一ケ月ほどして合格証書が届いた。受験者は全部で約千五百人、その内で合格者は百五十八人ほど。十位で合格した。

「もし、就職の意志があれば、朝鮮総督府で採用するので来られたし」

という手紙が同時に届いた。郵便局に辞表を出し、十月の末で寒くなりはじめたころに、京城の総督府に出向いた。

（ちなみに日本が戦前領有していた台湾、朝鮮、樺太などを、当時、外地と呼んでいました。）

総督府へ通う

京城に着いてまず第一に困ったのは、下宿を見つけることであった。勤め先や不動産屋に頼んで、ようやく黄金町に見つけた。

下宿には、京城師範の生徒が二人いた。一ケ月ほど一緒に暮らしていたら、その一人が「近くに良い下宿を見つけたから、一緒に行かないか?」と誘ってくれたので、多田さんという学生専門の下宿へ移った。そこでは、京城法専の生徒が二人、医専が一人、歯科医専が一人、師範が三人と剛であった。

下宿の主人の多田さんは、東京帝大法学部の出身であるが、学生時代に今の奥さんと熱烈な恋愛をし、高等文官試験に合格できなかった。現在は京畿道庁の理財課長である。課長といっても、部下は五人か六人しかいない閑職であった。多田さんの友人はみな、部長クラスになっている。そんなことが分かってくると、多田さんを気の毒だなと思うかたわらで、この社会では資格が必要なんだ、としみじみ感じた。

下宿の奥さんは、東京の大学の家政科を出ている。お姑さんが所用で時たま外出すると、奥さんが台所で腕をふるって、ハイカラな料理を作ってくれた。みな、ものすごく喜んだ。

多田さんの下宿の住人は、逸材ぞろいであった。京城師範の生徒の一人は、朝鮮随一の機械体操の選手で、法専の一人は、剣道四段の猛者、他の一人は、柔道三段であった。沖縄出身の剣道の猛者は、洗濯が嫌いで、パンツが汚れると、裏返してはいた。肌着も同様で、そのあとは押し入れに放りこんでおく。一年に一度くらい、沖縄からはるばる妹さんが、兄さんの世話をしにやってきた。押し入れを開けると、ドサッと頭の上から汚れた下着が降ってきた。

そのような環境の中で、剛は毎朝、下宿の近くから電車に乗って総督府へ通った。身分は雇員であったが、現地人の給仕さんに「煙草を買ってきてください」などとは、決して頼めなかった。給仕ではないまでも、傭人を永い間経験してきたから、昨日までの自分と同じ立場の給仕さんを、決して使う気にはなれなかった。

京城の冬は大変寒い。気温は、寒い時は零下二十度を超え、暖かい日でも零下十五度ぐらいであった。少しでも風がある時は、耳が痛くて千切れるような感じがした。耳環をし、鼻から口にマスクをつけないと外出できなかった。毎朝、勤め先に着くころには、オーバーの衿から胸の辺りまで、マスクから漏れた息が凍りついて、霜柱がびっしりと立った。

そのオーバーを壁にかけておくと、溶けた霜で胸の辺りはグショ、グショになった。夜、銭湯に行き、タオルをぶら下げて帰ると、二、三分で棒のように凍った。

総督府は七つの局に分かれていた。剛の所属するのは、財務部理財課で、課員は三十名ほど。理財課は三階の左の端にあり、総督の部屋は同じ階の真正面にある。廊下も階段もトイレも、大理石で造られていた。

ある日、トイレに入って用を足していたら、後から偉い人が入って来て隣に並んで用を始めた。外へ出てみてびっくりした。総督の護衛が二人か三人、じっと立って番をしていたからである。勤めてまだ間のないころであった。

毎日、単調な事務に明け暮れていた。早く一人前の官吏になりたいものと、いつも思っていた。たまたま、総督府に付随して設けられていた、地方官吏養成所で、講習生の募集があるのを知った。さっそく手続きをして、試験を受け合格した。

官吏養成所

昭和十五年四月一日。理財課を退職して、養成所に入所した。先生はほとんどが総督府の課長で、他に二人ほど京城帝大の予科の先生が見えていた。講習生は全部で五十人、朝鮮全体の十三道から集まっていた。内地人と朝鮮の人がほぼ半々である。それぞれが下宿先から通い、いっしょに仲良く学習した。履修したのは、憲法、行政法、民法、経済学、財政、会計学に国語、数学等、盛り沢山であった。張り切って一生懸命にそれらを徹底的に吸収した。

そのころ、京城の東の郊外で大博覧会が開催され、下宿の友人と二人で見に行った。会場の中に、ラジオ放送の色々な設備が展示してあった。そして、渡辺はま子の歌う「支那の夜」の美しい調べが流れてきた。大きなブラウン管の表面に「支那の夜」の音声の強弱高低につれ、きれいな緑の線が千変万化しているのに魅了された。下宿に戻って「渡辺はま子が緑色の声で歌っていたよ」と言ったばかりに、しばらく「緑色の声」が流行語になった。講習所の規定では、一ケ年の期間となっていたが、準戦時下のこととて、九ケ月で卒業させてもらった。卒業と同時に講習生は、十三道の各地へ赴任していった。その際、勤め先の希望を聞かれて、「なるべく暖かい地方が良い」と、慶尚北道を望んで認められた。

その年の暮れ、剛は久しぶりに故郷へ帰り、正月を家でくつろいだ。

フィリピン行きに誘われて

正月早々、友人と三人で慶尚北道へ出頭したところ、剛は地方課勤務を命ぜられた。地方課の嘱託を三ケ月勤めた。四月一日に、大邱府社会課へ転勤になった。そこで任官し、在外加俸と住宅手当てがついて、給料が倍になった。初めて出勤したところ、出勤簿の比較的はじめの方に自分の名前を見つけ、驚いた。社会課長は、たいへん温厚な朝鮮の人であった。その課長は、剛を大変可愛がってくれた。課員の大部分は朝鮮の人で、お互いに助け合いながら仕事をすすめた。

その朝鮮の友人に誘われて、よくクッパやピビンパプを食べに行った。クッパは唐辛子をふんだんに使っており、あの冷たい寒中でも、食べ終わる頃には身体中がぽかぽか暖かくなり汗が流れた。

その年の十二月に太平洋戦争が始まった。京城の下宿で一緒に暮らした法専の生徒が卒業して、大邱の郷里へ帰ったので、そこへ度々遊びに行っていた。ある日、友だちのお母さんが剛に、驚くような話を持ちかけた。

「東洋紡績で重役をしている親類の人が今度、政府の命令でフィリピンへ行き、綿作りの指導をすることになった。うちの息子も行く積もりだから一緒に行ってはどうか？」

と誘われたのである。あまりにも唐突なので、その日は「しばらく考えさせてください」そう言って帰ってきた。仲の良い友だちのお母さんのすすめではあるが、俗に言う「虫の知らせ」というのか、どうしても気が進まなかった。後日、ていねいにお断わりした。

それからずっと後に、剛は迎日郡庁へ転勤になり、浦口に住むことになった。ある朝の新聞で、先に話が出た、フィリピンに赴任する重役さんが「九州を出航してから、アメリカの潜水艦の魚雷が船に命中して沈没し、遺体が朝鮮まで流れ着いた」という記事を発見した。重役さんの出身地の浦口で葬儀が行われて、剛も参列した。何かの都合で、友だちは乗船していなかった。あの時、気持ちを暗くさせた不思議な予感を思い出して、身内が寒くなった。

翌十七年六月に日本軍が、ミッドウェー海戦に惨敗してから、次第に敗色が濃くなった。

浦口へ赴任することが決まった時に、皆は、

「あちらは海のそばで、新鮮な魚が食べられて良いぞ」

などと喜んでくれた。しかし、下宿では朝も、昼も、晩も、新鮮な太刀魚が出るばかり

で、野菜はあまり付いていなかった。

病を得て故郷に帰る

そのうちに身体がだるく、微熱が続くようになった。医者に診てもらったら「肺結核にかかっている」と言われた。そこで「病気が治るまで、休ませていただきたい」と休暇をとり、内地に帰った。

故郷の医者に診てもらっても、同じ診断であった。さらに、岡山の簡易保険診療所で診察を受けた。そこの医者が言うには、

「手や足の骨が折れたら、二、三ケ月当て木をすればくっついて、完全に治る。しかし、肺の病気は、骨の二、三倍の期間がないと、元どおりにはならん。だから、最小限度六ヶ月は静養しなければだめだ。その代わり完全に治ったら、元より丈夫になる」など、細々と注意してくれた。

そこで、医者の言う通りに栄養をとり、絶対安静を守り続けたら、三ケ月たって熱も下がり、身体の調子もほとんど回復した。九ケ月ほどして、ぼつぼつ内地で仕事を探そうと、

県庁へ当たってみた。県庁で前職の照会をしたら、迎日郡庁から「その人間は、当方で入用である」旨の返事が来て、就職は不可能になった。とうとう一年間静養した。しかし、朝鮮へ行く気には、どうしてもなれなかった。

剛は、知っている人で肺結核にかかった例をたくさん見ている。たいてい一ヶ月安静にしていると熱が下がる。当時はまだ、社会保険がなかった。一ケ月休むと収入がなくなる。双方の条件が重なって、おおかたの人が働きに行った。すると、粟粒《ぞくりゅう》結核といって、急に病状が悪化し、あっという間に死に至る。それで、ほとんどの人が亡くなった。剛は幸い、良い医者に恵まれ、長期間療養した。休業中の一年間は給料が送られて来たし、剛自身も充分に預金を持っていた。

一年間の休職期限が切れたので、いよいよ岡山県庁へ就職が決まった。朝鮮の下宿には、また帰るつもりで荷物をそのまま残してあり、一年分の下宿代を前もって払ってあった。その荷物を取りに行こうかな、と、思いを巡らせていた矢先「部屋を譲ってもらいたい」と言う人から手紙が来た。

「荷物をこちらへ送り返していただけるなら、どうぞお使いください」

そのような返書を出したら、さっそく送り届けてくれた。

もしも、荷物を取りに行くとしたら、多分、乗ったであろうと思われる日に、関釜連絡船の金剛丸が、アメリカの潜水艦により撃沈された。そのニュースを人づてに聞いて、再度命拾いをしたことを実感した。

敗戦

昭和十九年五月県庁へ就職し、岡山の親類から通勤した。当時は食糧事情がきわめて悪く、雑炊ばかり食べて空腹で仕方がなかった。そのため、農家である実家に近いところへ移りたいと思っていた。たまたま、西大寺国民勤労動員署に欠員が生じたので、転勤させてもらった。動員署では、仕事の都合で万年宿直をやりながら、週に一度実家に帰って食糧を補給していた。

その当時のバスは木炭を燃やして走った。峠を越える時は乗客が降りて後押しすることもたびたびで、しょっちゅう故障して動かなくなった。

ある日、仕事で二十キロ離れた牛窓町へ出張した。仕事を終えて帰ることになったが、いつまで待ってもバスは来ない。仕方がないから同僚と二人で歩いて帰ることに決めた。

二キロほど歩いたところで、うしろからオート三輪がやって来たので頼んで乗せてもらった。神崎というところで降ろされ、残り四キロを歩いてやっと役所に帰り着いた。

昭和二十年六月二十九日。Ｂ29の大編隊が、爆音を消して岡山市上空に飛来、焼夷弾の雨を降らせた。午前二時を過ぎていた。深い眠りを覚まされた市民は、着のみ着のまま逃げまどった。

西大寺から眺めた岡山市の上空は、深紅に染まって、しだれ柳の花火のように、妖しく燃える炎が空から降りそそいでいた。剛は永安橋の上でそれを見ていたが、一機飛来しては焼夷弾を落とし、また一機やって来るといったふうに、波状攻撃は一時間半も続いた。

一夜明けた岡山の街は見渡す限りの焼け野原で、男女の区別もつかぬピンク色をした骸が、いたるところに転がっていた。多くの知人、友人が犠牲になった。二千人近い人が命を落とし、負傷者も六千人を超えたという。続いて八月には広島、長崎に原爆が投下されて潰滅してしまった。ソ連が日ソ不可侵条約を破って参戦し、ついに日本はポツダム宣言を受け入れた。

終戦直後、役所では指令が来て重要書類を焼却した。その後は、日本政府も全く混乱状態で、毎日発行されていた官報も、一ヶ月以上遅れて着く始末であった。国からも県からも何の指示も連絡もないので、ぶらぶらしながら近くの吉井川で、黄しじみを取ってきては、蛋白源にしていた。毎日、毎日、しじみ汁を食べた。

その年の九月、台風に見舞われ、降り続く豪雨に河川が氾濫した。吉井川の堤防が切れ、県南部は広い範囲が数日間水びたしで、川舟を出して往来しなければならなかった。

十月半ばごろに、アメリカとイギリスの兵隊が岡山に進駐して来た。イギリス兵は、頭にターバンを巻いたグルカ兵であった。

汽車は戦地からの帰還兵を満載していた。大きな荷物が車内の通路をふさぎ、人々は窓から出入りしていた。

まもなく、岡山の街の焼け跡に闇市ができて、そこだけは活気が溢れていた。

第二章　たんちゃんの戦後

伴侶を得て

昭和二十年十二月三十一日。上司である動員署長の媒酌で、西大寺観音院門前の菓子店の長女彩《あや》と結婚式を挙げた。剛は二十八歳、彩は四歳年下であった。しばらくは彩の実家に同居させてもらい、その後、義父が永安橋を渡った浜に新居を用意してくれた。いよいよ二人の新しい生活が始まった。敗戦直後のインフレはすさまじく、公務員の給料は闇物価について行けなかった。一日分の給料でコケッコ、コッコと産み落とした卵が一個買えた。煙草のピース一箱は一月分の給料に相当した。主食は配給制で、一人一日分が二合一勺。それも米はほとんどなく、わずかばかりの馬鈴薯が支給された。長い行列を作って四斗樽から器にすくって貰った配給の味噌は、帰って見たら蛆が湧いていて酢っぱくて食べられなかった。少しの魚の配給にも行列の順番をめぐって争う人を見かけた。

米や野菜は大変な貴重品であるから、農村は売り手市場であった。いくら高い値段をつけられても、遅欠配で飢餓状態の阪神方面から、食べるものを求める行列が続いた。永安橋を渡り、命がけで厳しい取り締まりの目をくぐり抜け、東の穀倉地帯へと伸びている、

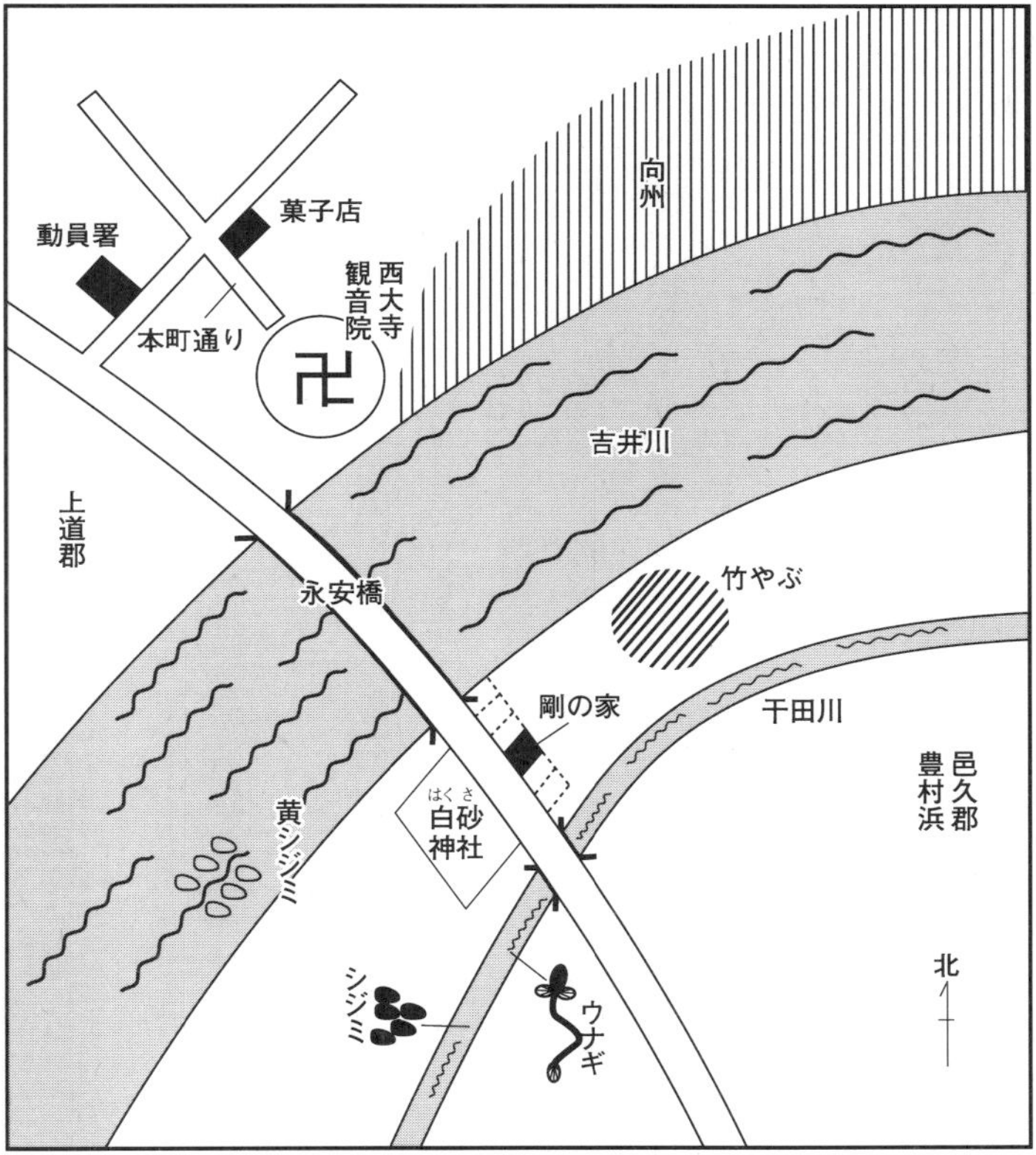

浜の周辺

我が家の前の道を通り過ぎて行った。当時を記録した新聞によると、軽便鉄道西大寺駅に降りる買い出し部隊は、一日、千五百人から二千人に達したという。

　戦中戦後、庭園や空き地の多くが食糧補給の畑となった。観音院と吉井川の間に広がる向州も例外でなく、町の人々がそれぞれに野菜作りに必死で取りくんだ。義父がそこで育てた大根を四斗樽に漬けて、持って来てくれた。惣菜も乏しい中で、あっという間にたいらげてしまった。飽食に馴れた今でも、あの沢庵以上の美味には出会えないだろう。

彩の兄がおとなになったばかりの雌鶏と子兎を持って来てくれた。浜の家には以前、彩の長兄の家族が住んでいた。その兄は自家用車を持っていたが召集令状が届くと同時に車も徴発された。家の前部分が広いガレージになっていたので、鶏と子兎を遊ばせておいた。吉井川は岡山県の三大河川の一つで、西大寺観音院は吉井川畔に建っている。吉井川にかかる永安橋を東へ渡ると邑久郡豊村浜になる。

私たちの家は吉井川に近く、前には白砂神社があり、また、二軒おいて東には千田川が流れていた。千田川では小魚や鰻が釣れた。シジミもとれた。小魚は焼いて干し、鶏にも食べさせた。シジミの殻は細かく砕いて、菜っ葉と共に鶏に与えていたら、毎日休まず、小さめの卵を産んでくれた。

闇夜に鰻を釣っていた時、針から外そうとしてヌルヌルくねって川の中へ逃げられた。今度こそはとねらっているとと大物の手ごたえがあった。あまり重いので「もしや青大将？」と、釣ざおにぶら下げたまま家に持ち帰り、灯火の下でよく見たら本物の鰻だった。近所に鯉釣りの名人がいた。「高津の文さん」といって、四斗樽に鯉を十匹も泳がせている。大きな鯉が重なって窮屈そうに泳いでいるのを近所中で見に行った。買っている人もいた。文さんと並んでいても、他の人の針にはかからないで、奇妙に文さんだけが釣れるのだった。同じことがママカリ釣りにも言えた。剛が隣のお婆さんに誘われてママカリ釣りに行った時、お婆さんは数えきれないほど釣るのに、剛は両手に軽く一杯しか釣れなかった。

吉井川の東岸に竹やぶが濃い影を落としている場所がある。その辺りは深みになっていて鯉が群れているらしい。剛が一人で釣り糸を垂れていると、珍しいことに手ごたえがあった。泳がせてから網ですくってみたら、大きな鯉のエラに偶然、針が引っかかっているのだった。そのころ彩は軽い咳と微熱が出て医者に診てもらったら肋膜炎と言われ、寝たり起きたりしていた。鯉は天からの授かりものと感謝して、しばらく泳がせて眺めてから、可哀相だが味噌汁にして食べた。

手の中に入るほどだった子兎は成長したが、鶏は彩の愛を一人占めしようと兎を攻撃する。彩が裏に広がる田んぼの畦で兎に草をたべさせようとしたら、向かいの農家のおやじさんが「そこの草を食べさせたらいけん。うちの馬の飼料じゃ」と苦情を言われた。世情は物不足で小さな兎にさえ目くじらを立てるほど、とげとげしていた。飼えなくなった兎は兄に返した。

とうとう彩は栄養失調で起き上がれなくなった。痛みはないものの、食物が内蔵を素通りして、消化吸収する力がないのである。体重は三十キロにまでなった。痩せ衰えた娘を見兼ねた義父が「今の世の中、勤めだけでは暮らして行けん。柳町に店を用意してあげるから、商売をしてはどうか？」と言い出した。考えに考えた挙句、義父の言に従うことにした。

戦前の国民勤労動員署は、公共職業安定所に看板が変わっていた。昭和二十二年八月、所長に辞表を提出した。その頃にはすでに若い人も職場に復帰して陣容も整っており、剛は業務課長として大切な仕事を任されていた。また、新しくできた労働基準監督署へ栄転の話もほぼ決まっていた。所長は、

「商売がうまく行かなかったら、いつでも帰って来なさいよ」

そう言って三ケ月ほど、籍をそのままに残しておいてくれた。

たんちゃん商店主となる

義父に用意してもらった柳町に転居した。店は四つ角にあり、南と西が道路に面し、南北に細長い土地の南三分の二が庭で、北三分の一に店の建物があった。義兄の世話で最初にアイス・キャンデーを売った。仲卸しなるものが、注文した数を運んでくれる。それを氷を詰めた木箱に囲っておくのである。飛ぶように売れた。できたお金でまず、塩を一俵買った。これはキャンデーを冷やす氷に使う。その次に儲かったお金で、小麦粉を買い、手製のパン焼き器でパンを焼いて食べた。豪華な食物を味わっているような気分になった。とにかく、いつもお腹を空かせていた。

喜んでいると、一週間たたぬうちに強敵が現れた。目と鼻の先のうどん屋が、キャンデーの箱を設置した。先方は長い間の「のれん」があるから、新米のこちらは売上が激減した。また、あまりにも蒸し暑いので、どっさり仕入れたら雷が鳴り出して、ザァーッと夕立が通り過ぎて、涼しくなり、キャンデーは売れず、箱の中で溶けて流れてしまった。まだ、その頃は冷凍庫などなかった。

義父が、剛たちの住んでいた浜の家を取り壊して柳町に運び、六十三坪の南端三分の一ほどに新築してくれることになった。

九月から、解体した瓦、材木、敷石、釘など使える物をすべてリヤカーに積み、父が自転車のペダルをふみ、剛が後押ししながら走って運んだ。永安橋を渡り、一キロの道のりを毎日、何回も往復した。頑強な義父に比して体力に乏しい剛には、相当厳しい労働であった。

義父の指示に従って瓦を磨き、古釘を一本ずつ叩いて真っ直ぐにし、壁土をこねて佐官の下手間をした。物資が極端に乏しい時代だったから、現在のように楽に家は建たなかった。

彩は北の店で商いをしながら、大工さんのおやつを運んだり、西隣にできた魚屋で生きの良い魚を求め、父の食事を作ったりしていた。秋になって玩具を増やしたり、食糧統制も一部解除されて菓子も売れるようになった。

建て前の日、剛の兄が赤飯を炊いて持って来てくれた。

家の格好がつきはじめてから、何となく雲行きが怪しくなってきた。

そこで、剛は義父に言った。

「お父さん。ただで家を建てていただいては申し訳ありません。家を建てるのに如何ほど費やしたか、覚えをしておいてください。働いて儲けてから、必ずお払いしますから」

それに対し義父は、

「とにかく、この家は、お前たちにただ（無償）で貸してあげよう」

とだけ答えた。義父の背後に、何らかの働きかけのあるのが想像できた。

以前、義父はお見合いの席で約束した。

「こういう時勢だから、食べて行けねば食べられるように援助します。家も建ててあげましょう」

この約束を義兄は知らない。

「お父さん。妹夫婦には家をただで住まわせ、食べ物を運んでやり、商売の道もつけてやりました。彼は養子ではないのだから、何も家まで彼の名義にする必要はないでしょう」

くらいの話は出たに違いない。また、この土地では、戦死した義兄が浜に住む前に西洋料理店を開いていたことがある。残された母子は現在、本町の中国銀行前で菓子の支店を出してもらっている。

義父にしてみれば全ての土地も家も自分の名義である。どの子も可愛いから、状況に応じて子どもたちの住まいを移しているに過ぎないのだが、上の兄嫁の由美さんにしてみれば、柳町の自分の土地がなくなるのでは？　と不安を持ち始めたらしい。

九月から家の工事を始めて四ヶ月。とつぜん義父が、

「由美さんは『妹夫婦が赤穂に住んでいる。妹が近くにいてくれると心丈夫だから、今度でき上がる柳町の家で、農機具屋をやらせたい』と言うている」

などと切り出した。

冗談ではない。義父の言葉を信じて、頼りにされていた職場を去り、働き者の義父の下で、剛には余りにも厳しすぎる力仕事を、黙々と耐えた。もう後へは引き返せない。剛は知恵をしぼった。

「お父さん。農機具屋をするには、かなり資本が要ります。お米が収穫できるのは年に一度きりだから、掛けで売って、その間お金が寝てしまいます。その上に、台風が来たとか、日照が少なかったとか、豊作の時ばかりはないから、掛けが入らなかったり、良い商売ではありませんね。あまり儲からんと思いますよ」などと、何とか妨害をし、やっとのことで、剛たちが入居できることに決まった。十二月の下旬には完成したのだから、歳末に商売をしたいと思うのが人情である。壁などは少々乾いていなくても良い。だが、義父は「良

い家ができた」と、撫でるように、さするように眺めているだけで、ついに年内の入居は叶わなかった。

そのころから義父の態度は目に見えて変化した。戦死した長兄の遺児四人を抱え、美人で聡明な由美さんの言葉巧みな働きかけが功を奏したらしい。それまで一人娘の養子扱いにされていたのが掌を返したようになった。

甘やかされて育った彩がついに爆発した。ある朝、火鉢に移そうとしていた火のついた練炭を、父親の前で土間に投げ捨てた。――当時の練炭は着火し難く、その火力の弱い練炭で煮た混ぜ物の多い配給のうどんは、どろどろに千切れてまことにまずかった。まだ、物も豊富でなく、物情の厳しい世相であった――。義父が激怒したのを見たのは、これが初めてである。彩は逃げてしまった。逃げられない剛は代わりに土間に両手をついて、義父からこってり油を絞られた。相当我慢強い剛でも、さすがに腹に据えかねたが、耐え難きを耐え、ひたすら詫びた。

後で剛は彩に言った。

「お義父さんに言いたいことは山ほどあった。しかし決裂しては、勤めまで辞めて苦労したのが無意味になる。これほどの土地は、もう手にはいらないだろう。一時の怒りにまかせて家を飛び出せば、自分の力では辺鄙な場所しか借りられない。それでは一生うだつが上がらなくなる。そう思って我慢した」

はみだし夫婦

「お前たちのために家を建てて上げる」から「無償で住まわせて上げる」に変わって以来、甘え心を捨て悶々と暮らしていたころ、近郊の農家に嫁いでいる、剛の遠縁の娘、多美が、涙ながらに飛びこんで来た。

みなが知っている彼女はいつも陽気で多弁で、人に好かれていた。その彼女がよほど我慢を重ねていたらしく、剛を見るなりセキを切ったように一気に胸につかえていたものを吐き出した。

「私は毎日、朝から晩まで、田んぼも家事も精一杯働いています。何でもお姑さんの言われる通りに、はい、はい、と動いているつもりよ。けど、何が気に入らないのか、ことごとく辛く当たられる。原因が分からないので、手のつくしようがない。なんぼうにも辛抱できそうにない」

泣きじゃくりながらの話をまとめると、このような内容であった。自分たちも精神的に追い詰められていたから、彩は機嫌が悪かった。が、多美は頗る興奮していたから全く気がついていない。

剛は奥の居間で時々質問しながら、彼女の気がすむまでじっくりと話を聞いた。しゃべり終わった彼女の顔は、いくぶん和らいで見えた。

「それはなぁ、多美さん。あんたは、要らない嫁さんなんじゃ。あんたの婿さんは、いったん養子に行って、養父母に死なれたから、家に戻ってきた。家には妹が一人いて、お姑さんの愛情は、そっちへ移ってしもうたんじゃ。その娘に家を継がせたいと思うている。いったん外へ出した息子には、本当は家にいて欲しくないんじゃ。だから、あんたが何ぼういっしょうけんめいに尽くしても無駄じゃ」

剛はさらに続けて、

「多美さん。あんたは家を出た方がええ。婿さんが一緒について来ないような意気地なしなら、別れてしまいなさい。出さえすればきっと、うまく行くよ」

本人が納得出来るまで、ていねいに説明した。

彼女は家に帰ると、即座にそれを実行に移した。勿論、彼女のご亭主もついて行き、空いたまま放置されていた養家先に戻って、小さな商売を始めた。その後、訪れた彼女の顔はたいへん明るくて「時々、もとの婚家を訪問すると、お姑さんが二人を愛想よくもてなしてくれるのよ」などと、非常に喜んでいた。

新築の店

お正月を過ぎてから、二人は新しい家に入ることができた。

「儲けて、一日も早くこの家をでよう。いつまでも親に面倒をかけるのは止そう」

(その頃はローンなどないから、一生かかっても家を建てることは容易でなかった。物資も乏しくて、お金では手に入らないものも多かった)

剛は彩に申し渡した。

「これからは原則として、儲けの半分で生活してもらいたい。最初は苦しいに決まっている。資本を蓄積し、儲けが増えれば同じ半分でもだんだんと暮らしが楽になるから」

心も、生活費も、ぎりぎり追い詰められて、彩は生まれて初めて心身共に極限状態を経験していた。新しい店は南と西が道路に面した四つ角で、南を真っ直ぐに西に進むと軽便

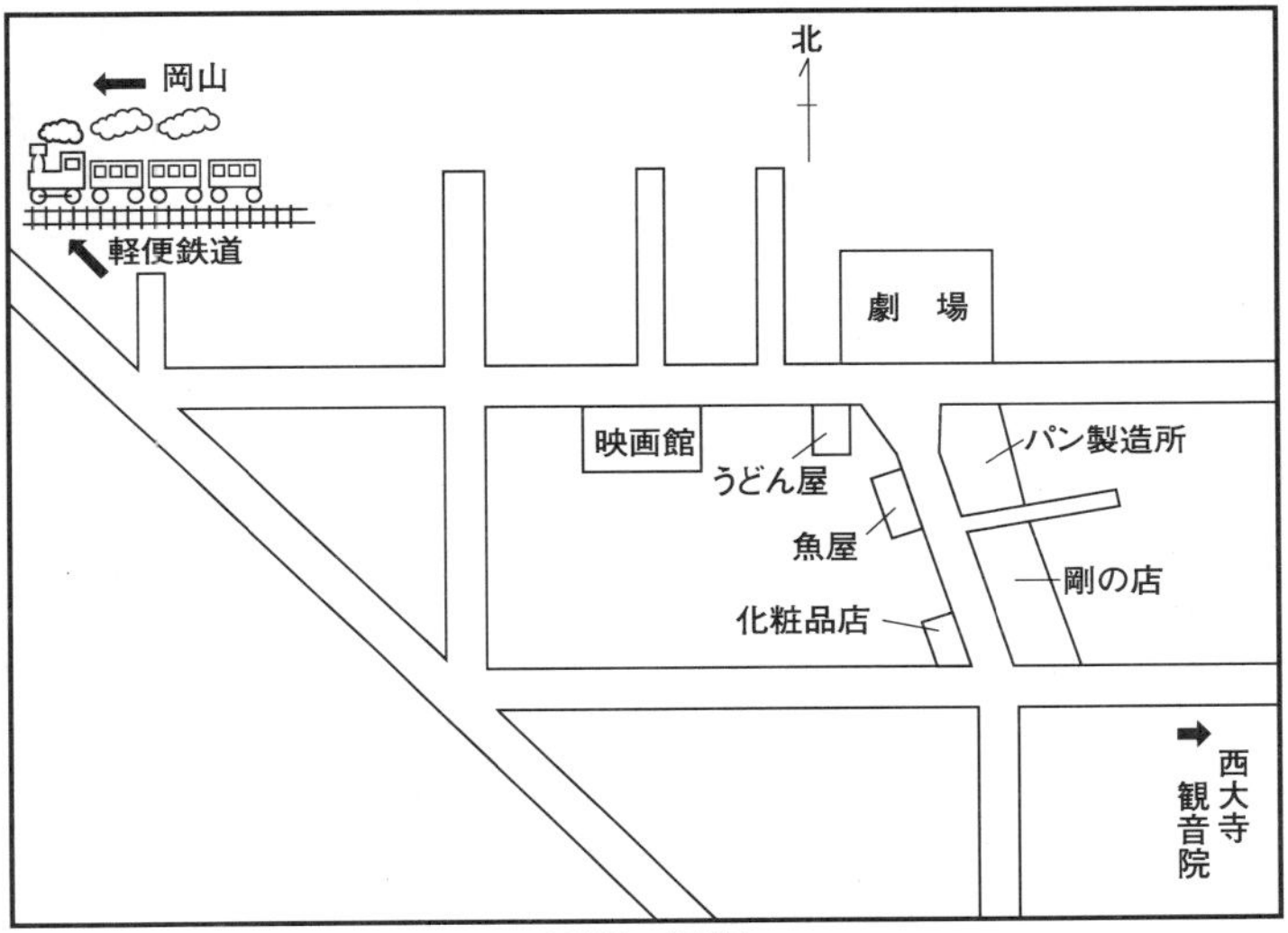

柳町の周辺

鉄道の西大寺駅に出る。また、四つ角を北に折れ三十メートル余り進むと、常盤座という劇場に突き当たる。その前で左に折れ西に行くと左側に映画館がある。映画の主題歌が流れ、まだテレビなどない時代だからどちらも繁盛していた。さらに西へ向かうと双方の道は合流して共に西大寺駅の前に出る。場所が良いので売り上げが伸びた。

菓子の種類も次第に増えてきた。剛は正明兄に頼まれて菓子の卸しを手伝うことになった。自転車の荷台に見本を積んで、ずいぶん遠方まで（たとえば瀬戸地方）新しい店を開拓に行った。口銭は兄と折半である。

店を開いていると時々、水島の方から袋をかついだ男や女が飴を卸しにきた。朴さんという朝鮮の男の人から白飴を買い入れたら、兄から卸してもらうより五銭安かった。後で兄に見つかって、きつく叱られた。小柄で人の良い朴さんとは朝鮮の話に熱が入り、おいしいキムチの作り方を教わった。その後、朴さんは故郷へ帰ったのだろうか？　ついに姿を見かけなくなった。風呂敷に包んで生菓子を卸しに来る仲卸しのおばさんがいた。儲けは薄いがよく売れた。兄が貸してくれた縦型のショー・ウインドウに入れておくと、よく見えるのですぐに売り切れた。

西大寺は会陽《えよう》（裸祭り）で全国的に有名である。遠く他府県からも参拝者が相つぎ押すな押すなの盛況で、一年中で最も忙しい時であった。裸祭りは四日間続いた（地押し三日、本押し一日）。お寺の門前に近い所、本町・市場町辺りはどこもかしこも「まわし」を売ったり、荷物を預かったり、飲食店が出来たり、遠来の客の素泊りの宿になったりした。軽便鉄道は参拝客を満載して終夜運転した。

剛は裸祭りの参拝客の帰りを当て込んで、色とりどりの生菓子を、うんと仕入れた。ところが、お寺の門前で寿司屋を営んでいる、正明兄の奥さんの祖母から「散らし寿司など作って飾っておくのに、ショー・ウインドウを貸しておくれ」と頼まれたそうで持って行かれてしまった。仕方がないので、平らに並べたガラス・ケースの中に陳列したらほとんど売れ残った。人波に押されて急ぎ足の群衆の目には見えにくかったのである。

昭和二十三年二月のことであった。その後、兄が新しいショー・ケースを大阪から買って来たのを見て、二人も大阪の谷町へ買いに行った。

戦争未亡人が細々作っている「松露」が美味しいという評判を聞いて、卸してもらいに行った。漉し餡を白い砂糖で固めた直径三センチにも満たない丸いお菓子である。仕入れて来て二階に「もろぶた」の中に入れておいた。取りに上がったら二十個仕入れたのに数個足りない。ちょうど遊びにきていた親戚の子が「飴玉かと思って食べたよ」とけろっとしている。利が薄く八円で仕入れて十円で売るのだけれど、怒るわけにも行かず、がっくり。また、ある時はアイス・キャンデーを売るのを知り合いの娘さんが手伝ってくれた。方々から手がのびて、あっという間に売り切れたが代金は半分しかなかった。商売に馴れていないから品物と引き換えにお金を受け取らなかったのである。こんな失敗はざらで、人手さえ足りればよいというわけではない。

柳町の店のすぐ横に大きな魚屋があり、目と鼻の先に映画館があるというのに、映画も見ず、魚もあまり食べないで、一生懸命にお金を貯めた。仲卸しで羽振りの良い河本さん

が、さっぱりした浴衣に着替えて袂からピースの箱を取り出しながら、
「何時まで店を開けとんで……。早う仕舞うて映画でも見に行こうや」
と声をかけて通り過ぎて行った。

商売を始めてから半年ぐらいで兄に菓子の借金を完済し、あとは現金取り引きをした。品物の種類が少ない時は何でも売れたが、豊富に出回り出してから、ある日、突然、それまで五円で売っていた飴玉が二円になった。今までに仕入れていた分は原価を割って売らねばならない。剛は彩に言った。

「これからは菓子の種類が数限りなく増えるだろう。それでも売り上げは、そんなに伸びはしない。つまり残品の山が出来て商売は次第に難しくなる。今のうちに気を引き締めてしっかり貯蓄をしておこう」

剛たちが柳町で菓子を商っていたら、道を隔てて西隣に化粧品店が出来た。剛の店には、子供たちが十円持ってお菓子を買いに来る。子供たちは目を輝かせて十円玉を握りしめ、最も有効に使おうと時間をかけて、あれこれ物色をする。その時がいちばん嬉しいらしく、買い物を遊んでいるのである。ようやく目標が定まると、
「これとこれをちょうだい」「はい、十円。ありがとうさん」

と取り引きが成り立つ。子供たちは素直で、可愛い。可愛いからこそ商売ができた。しかし隣の店では「はい。百円」聞いていると、最低単価が百円らしい。

「化粧品店の若夫婦も、当方も、同じ二十四時間を生きている。人間の一生は限られている。とすれば、単価の高い商品を扱わねば非能率だ」

などと、彩が言い出した。

昭和二十四年三月から五月にかけて、岡山市で「産業文化大博覧会」が開催された。当時、岡山と西大寺を結ぶ唯一の交通機関が軽便鉄道であった。邑久郡方面へ帰る人々の多くが、店の前を通り過ぎて行った。まだ、目ぼしい土産物店など少なかったから、お菓子が飛ぶように売れて剛たちは大いに救われた。

その年の夏。商売を始めてから二年の月日が流れていた。

正明兄と義父の間で、大阪に店を出す話が度々出ているようであった。大阪に出るには、まとまったお金が要る。そこである日、義父が、

「この店を売ろうと思う」

と言った。剛は、

「お義父さん。もう、ぼつぼつそんな話が出るのではないかと思って、待っていました。

商売をしていれば、損がいくか、儲かるかどちらかです。損をしても、また、儲けて岡山か大阪に進出するにしても、西大寺よりは土地が高い、とすれば、真っ先にこの家が売られる対象になるはずです。いつまで居させてもらえるか分からないという不安があったので、一生懸命にお金を貯めていました」

「待っていました」と言われ、内心、義父は驚いた様子であった。

「剛さん、どのくらい貯金が出来たかな?」

「三十万円ほど出来ました。ちょうど今、この三軒東の尾坂呉服店が三十五万円で、もう一軒、永安橋のそばの関西堂が三十万円で売りに出ています。そのどちらかを買おうと思っています」

「この店を四十万円では、どうかな?」

「お義父さん。浜から材木やら、瓦やら、壁土から敷石まで運んで、自分もいっしょに建てた家を、四十万円も出して買う気には、どうしてもなれません」

「ならば、中銀前の本町支店ではどうか?」

と重ねて聞く。義父がお金が必要なのは、痛いほど分かっていた。

「それでは、中銀前を買いましょう」

それで話はまとまった。

本町の中銀前の店は戦後に父が買ったもので、江戸時代の建築である。二十坪ほどの敷地いっぱいに建てられた二階屋で、臥竜のような松丸太の梁や分厚い床板、階段を上がった二階にはガラス戸は一枚もなく、黒光りする「まいら戸」や障子、襖に雨戸といった昔のままの状態である。店の中央を支える太い大黒柱は、少々傾きかけていた。他の店と比較しても、せいぜい三十万円までが妥当で、四十万円は高すぎる。

しかし、小売り店は立地条件が圧倒的に物を言う。例えば、立地条件の悪い二十万円の家をただで貸してもらっても、そこで経営が成り立たねばきわめて高い投資になる。反対に三十万円の店を倍の価格で買っても、そこで営業して充分な利益が上がれば、結果的にきわめて安い買い物だったと言える。本町の店は、西大寺ではまずまずの一等地であるので、値段を無視して一円も値切らずに買うことにした（彩は関西堂を買いたかった）。

話が決まってから、二ケ月待たされた。

「本町では盆提灯を売っている。お盆がすむまで引っ越しはないだろう」

と、冷めた目で成り行きを見守っていた。

八月十六日の朝、正明兄がオート三輪に引っ越し荷物を満載して来た。返す便で剛たちの荷物を運び、何往復かして、一日で引っ越しが完了した。兄に三十万円を支払い、また、一生懸命に働いて、その年の暮までに、残る十万円を完済した。

本町で洋品店

今度こそ気兼ねなしに、どんな商売でも出来る。家は持てたけれども、また、無一文になってしまった。当分は兄から、お菓子や玩具を掛け売りしてもらった。市井に食料が行き渡ったから今度は「衣」に目が向く番だと考えた。衣料品の統制が解けたので、お菓子を商うかたわら、近所の洋品店で卸してもらった。おしゃれに無関心な剛たちが洋品店を始めた理由は、せまい町で義兄との競合を避けたかったからである。

資金が充分でないから、赤ちゃんの帽子、よだれ掛け、ガーゼのハンカチなど安いものばかり仕入れた。ショー・ケースに入れておいたが、ちっとも売れず、三日ほどして四十五円のよだれ掛けが一枚売れた時は、大変うれしかった。お菓子で儲けながら、少しずつ衣料品を増やした。

安井夫人の露店

ちょうどその頃、北向きの剛の店の、道路を隔てて真正面に露店が出来た。丸首シャツの半袖と長袖、作業ズボン、それに白生地のキャラコ、天竺木綿を並べている。売っているのは、戦後に中国大陸から引き揚げて来た、安井という未亡人である。大変な商売上手で、剛たちは店番をしながら彼女が商いをするのに見惚れていた。

まず、自転車で通りかかった客が、彼女の露店の前で立ち止まる。間髪を入れず彼女は、にこっとして「いらっしゃい」と声をかける。美人ではないが思わず引きこまれそうな、実にいい笑顔をしている。客は端から順番に品物を見て歩き、あれにしようか、これを買おうかと迷っている。もう一度ゆっくり商品を見て、やっぱりこれにしようかな、と、気持が動きかけた一瞬を逃がさず、

「これはいかがですか？」

と、その商品をすすめる。客は、

「じゃ、それをもらいましょう」

満足した顔で客が財布の口を開け、代金を彼女に渡す。彼女は商品を新聞紙でクルクルッと巻き輪ゴムをはめて、ポンと客に渡す。

「ありがとうございました」

と言って、また、にっこり笑った。

その取り引きに要する時間の短いこと!! 彼女は余計なことは全くしゃべらない。その売り方は百発百中、一度もはずれたことがない。

「お客さまは神さま」で、客の一瞬の心の動きにタイミングを合わせるのは、非常にむずかしい。早すぎても、遅すぎても、客は逃げる。剛たちはその後もながらく商いを続けたが、とうとう彼女のようには到らなかった。

彼女は、相手の気持ちが手に取るように分かる、たぐいまれな才能の持ち主であった。彼女の露店は繁盛し、まもなく、一度は彩が買いたいと思っていた関西堂を手に入れて店を開いた。

十数年後に彼女は市会議員に当選して、ながい間市政に貢献した。

理屈よりもセンス

岡山市で繊維製品の見本市が開かれることを、秋になって初めて知った。そこで色々な問屋のあることが分かり、中国繊維（株）で奨められるまま、洋服生地を十五万円分仕入れて帰った。ところが、仕入れた品物が高級すぎて、全部ストックになってしまった。原価でも良いから換金しないと商売が止まる。さんざん苦労して原価で少し売り、また原価を割って少しずつ売って行った。

あとから東隣に出来た店が、同じように洋服生地と洋品雑貨を売りだした。隣との摩擦を避けようと、剛はひそかに洋品雑貨専門店になることを考えた。先方の親夫婦は行商で鍛えたつわもの、娘さん夫婦はハイカラで商才にたけている。こちらが儲けの薄いワイシャツや肌着などを扱えば、先方は利の厚い洋服生地に力を入れるだろうと。その方針を進めていたら、思った通りに分業化して、トラブルもなく後々まで共に仲良く繁盛した。

雑貨である程度の利益が確保できるようになった。が、何しろ、おしゃれに無縁だった剛が衣類を扱うのであるから、苦労などという生やさしいものではなかった。カッター・

シャツを仕入れに行って、四十番手と八十番手の縒《よ》りが分からなかった。どれほど目を大きく開いて見詰めても、同じ白い生地のどこに違いがあるのか分からない。機会あるごとに問屋のセールス・マンから、色んな知識を吸収した。播州の機屋《はたや》から仲卸し商人が靴下を持って来た。絹のストッキングが○○デニールで織られている、数字が多いほど細い糸で、高級であることを知った。剛は納得できるまで知識を蓄えないと、売る自信がなかった。しかし、理屈で説明できないのが、ネクタイの柄である。問屋に行き、掛けてあるネクタイの中から三十分位にらんで、やっと何本か選び出した。そこへ岡山の表町で名を知られた紳士服の店の人が来て、目にもとまらぬ早わざでパッ、パッと十本も二十本も抜き出して、「これだけ、もらって行くよ」と、あっという間に立ち去った。

そばで見ていた剛は、自分の選んだ柄に自信がなくなり、再び選び直すのだった。

そのころ、まだ自動車は少なくて、十二キロの道のりを自転車で岡山へ仕入れに行っていた。ある日、白やピンクに染めた兎の毛皮の、子供の首巻きを三十本ほど荷台に括りつけて帰っていた。

「おーい、おーい」と後方で誰かが叫んでいるので、後ろの荷台を見たら荷緒がゆるんで、毛皮の首巻きが、するり、するりと抜けて道路に落ちているのだった。すぐに引き返して回収したけれど、十数本はすでに拾われてなくなっていた。五分か十分足らずの間の出来事である。

剛は元来、あまり丈夫な体質でないから、風邪を引くと要心して十日間は必ず寝ることに決めていた。

お客さんは不思議なもので、店に一人入ってくると、連られて二人、三人、やがて立て込んでくる。お客が去ると、潮が引いた後のように空白の時間ができる。平均して少しずつというわけにはいかない。

ある日、彩が一人で店番をしていたら、客が立て込んで手が回らなくなった。とんとんと階段を上がって来る足音がする。

「ちょっと起きて、手伝ってくださいな」

「手が回らないなら、店を閉めてもいいよ」

剛は枕から頭も上げずに言う。お金はいつでも儲けられるが、命を亡くしたら取り戻せないので、決して無理をしない。挙句、紳士ズボンを万引きされたり、皮手袋をポケットに入れるのを見つけたら、向こうの方で、腰の曲がったお婆さんが、雨傘のお金を払わないで、よっこら、よっこら持って逃げて行く。あれよ、あれよと見守るばかり、一人ではどうすることもできなかったと、後で彩が言っていた。
一年中で西大寺が一番賑わう裸祭りの夜、宝木は午前二時に投下されるものだから、門前町は徹夜営業になる。剛の店でもアルバイトを三人頼んで店番をしていた。中学生らしい男の子のグループが入って来て
「○○はないか?」「××を見せて欲しい」と店の者を分散させておいて、リーダーらしいのが手提げ金庫に接近し、外を向いたまま背中に手を回して、その日の売り上げの紙幣を全部抜き取り、仲間に合図をしたと思ったら、さっと群衆の中に紛れ込んでしまった。
それ以来、深夜営業は絶対しないことに決めた。

爽やかなセールスマンたち

店を構えていると時々、外商の卸しが来る。播州から靴下やストッキングを卸しに来る人は、いつもカーキ色の軍服に軍靴を履いている。色が黒くて少しだけ寄り目で顎が張っていた。終戦時、友達の何人かはそのまま中国に残り、八路軍に入って幹部になったと言っていた。ごつそうに見えるのに、白い歯を見せて笑うと人なつこくて善良で、憎めない

人柄だった。剛は彼からストッキングの製造工程の知識を仕入れた。剛の店の近くに、彼から靴下を仕入れている店があり、新しい商品を持参しては、前回掛け売りした代金を払ってもらっていた。ところが、新しい商品を持って行っても掛け売りが増えるだけで、前回の代金を払ってもらえないと言う。小さい問屋は泣かされるらしい。彼は、剛の店に荷物を預けて、空手で代金の請求に行っていた。

また、京都から傘を卸しに来る人がいた。「丸仲」という屋号なので、丸仲さんと呼んでいた。戦前は教師をしていたという。なぜか気が合い、彼に招かれて京都見物や比叡山に連れて行ってもらったことがある。彼は人間が生真面目すぎて商売に向かなかったようで、後日、「横浜で料理店をしている親類に頼まれて、帳場を引き受けることになった」と、わざわざ剛に連絡してきた。

剛の店に高校を出たばかりの、良っちゃんという賢い店員さんがいた。その彼女が「飛行機のおにいちゃん」と呼んでいる、割烹前掛けを卸しに来る人がいた。戦争中は戦闘機のパイロットだったそうで、ブ～ン、ビュ～ンと、身振り、手振りを交えながら、急降下して行く危機一髪の有様を再現して見せた。まだ仕事が見つからないので、奥さんのお父さんの店を手伝っているという。平時なら大きい会社に勤めていそうな、おっとりして、色の白い頬にほんのり紅をさしたようなハンサムで、明るい笑顔を絶やさない人だった。

また、ある時は帽子の問屋のご主人が訪れて「お宅の近所の○○商店さんは、『帽子を作るのに生地代がいくら、工賃がいくら、この生地でいくつ取れる』などと細かい計算をされるので、うちの儲けしろがない。商売だから、いくらか手数料をもらわないと、やって行けない。だから、あの店には卸しに行かない」と、言っていた。

みな、剛と似たり寄ったりの年齢でなぜか気心が通じ合い、お互いに商売を超えた親しみで接していた。剛は安い商品を探して回るよりも、問屋のご主人やセールスの人柄を信じて取り引きをした。

似た者が集まるというが、この人たちの共通点はどこかに風の吹き抜けるような、のんびりした所を持ち合わせていることだった。

跳ねっ返りと洋品店

赤穂線が開通してからは時々、大阪へ仕入れに行った。朝はまだ暗いうちに家を出て、四、五時間かけて問屋に着き、買い物をして回り、家に帰ると夜の十二時ごろになった。

大阪で仕入れた商品はデザインが垢ぬけていて、売りやすかった。また、岡山で仕入れる値段で売って儲かることもある。

ある時、大阪の帽子屋で「今年は、女の子は紺の帽子が流行ですよ」と言われ、どっさり注文して帰った。品物は入ったものの、紺の売れ行きはさっぱり。これにこりて、翌年は白い帽子しか注文しなかった。ところが、近所の、目から鼻に抜けるような商才にたけた○○洋品店では、紺の帽子が飛ぶように売れていて、うちの白い帽子は全滅した。岡山では一年早すぎたのである。また、お正月前に娘さんのショールを、色を多彩に揃えていたら、白しか売れない。例の店では白ばかりを仕入れていた。売れるのは一瞬で、それから仕入れに行っても間に合わぬ、残品になるだけ。だいいち、問屋に売れ筋のものはもう、在庫がなかった。

帽子や足袋のように、サイズのあるものは売れ残りが多い。が、かばんや袋物は比較的残品も少なく、売れ足が早かった。失敗を重ねるうちに、少しずつ知恵がついて行った。

ずっと後になって、うちの前の露店から出発して関西堂を買った安井夫人に出会った時、彼女は剛に次のようなことを言った。

「あなたは非常に堅実な人だから、問屋へ行ってあなたが仕入れてくる商品は、品質が良く値段も安い。大変良い品ではあるが、その商品を店に並べた時に、その商品が気に入る人は、あなたと同じように堅実な人なんですよ。そのお客さんは（うん、これは品物も良いし値段も安い。気に入ったから家に帰って女房とも相談し、皆が買って良いと言ったら、近いうちに買いに来よう）と買わずに帰る。そんなお客を相手にしたのでは、なかなか商売は繁盛しない。あなたの知っている『ミキ』や『アザミ』の娘をごらんなさい。二人とも大変な跳ねっかえりでしょうが。そんな連中が仕入れる商品は、同じような若い男の子や女の子に気に入られる。欲しいと思ったら『お母さん、あれを買ってぇ……』と言い出したら、親が金を持っていようが、いまいが、買ってくれるまで引き下がらない。やはり、洋品店は流行品を売る店だから、少々跳ねっかえりの娘や息子が仕入れしなければ、あまり儲からないのではないですか？」

剛は、なるほど、ごもっともと、感心しながら聞いていた。

成長株に夢を託す

剛たちが大阪へ仕入れに行き出した最初のころ、汽車の窓から見る沿線の街は、まだ焼け野原であった。空襲で焼けただれ赤さびた工場の鉄骨の残骸が、どこまでも続いていた。

それを見て剛は、

「日本の今の株価は、この焼け跡につけられた値段だ。しかし、一流の企業ともなれば、優秀な人材を多数採用しているはずだから、いつまでも眠っているわけがない。今に大きく発展するに違いない。もし、そうなれば、今とは比較にならぬ値段がつくだろう」

漫然と眺めている彩に話して聞かせた。

そうして、借金がなくなり資金にゆとりが出来だした、昭和二十七年ごろから、超一流の株式を買いの一手で、少しずつ増やして行った。日本紡績とか八幡製鉄や日立製作所などを買った。

東宝映画の株主になると招待券が送られてくる。封切られたばかりの、マリリン・モンロー主演の「紳士はブロンドがお好き」や名作「禁じられた遊び」などを二人で観に行った。

「自分は商売が下手だから、私の代わりに、松下幸之助さんに経営してもらった方が能率が上がる」

そう考えて、このころから松下電器産業の株式を、資金の許す限り買い進めた。

　ある日、所用で中銀へ行った。知り合いの銀行員と話しながら、日ごろ考えていたことを伝えた。

「日本の今の株の値段は、敗戦で潰滅した焼け跡につけられたものだから、近い将来、工場が再建された暁には、必ず暴騰しますよ」

　しかし、周りで剛の話を聞いていた何人もの、誰もが相手にはしてくれなかった。

　それから十年ほど経過した後、野村証券が初めて「株式は成長する」と、言った。つまり「会社は、毎期上がってくる利益のうち、相当の部分を会社に留保している。日本の経済の復興につれて売り上げは伸び、会社の正味財産も年々増加し続ける。その結果、株価は確実に値上がりする。この値上がりした金額と、株式の配当金との合計額が、株主の利益となる」などと発表した。

　日ごろ剛が主張してきたのと同じことを言い出した。

　松下さんに賭けた剛の期待は大きな実を結び、確実に増え続けている。

正明兄が大阪そして岡山へ

兄は非常に頭脳明晰な人であった。沈着冷静、よほどのことがない限り胸のうちを人に明かしたことがないので、予想が当たっているかどうかは分からないが、次のようなことが考えられる。戦前、西大寺近辺には同じような菓子店が何十軒もあった。それが兄が復員してきて父親の跡を継ぎ、そして菓子の種類が増えるにつれて、ほとんどの店が兄から仕入れるようになった。岡山の問屋で仕入れるのと同じ値段で安く買えるからである。

剛の想像では、量を纏めて仕入れれば単価は安くなるはずである。そのためには原価で、あるいは諸費用など身銭を切ってでも同業者に販売を続け、それを表面に出さず計画が成功するまで続けたものと思う。

剛たちが中銀前の店に入ったのが昭和二十四年。その後、正明兄は大阪へ進出し、松屋町に問屋を構えた。松屋町界隈には何十軒も菓子問屋が並んでいる。競争が激しくて、いくらでも売れるけれども諸経費を払ったら、一文も儲からない。空いた菓子の木箱が山のように残り、それだけが儲けであった。そのような状態の経営を半年ほど続けた。その間に順次、名古屋、大阪のメーカーと取り引きができるようになって、安値の仕入れルートが完全に出来上がった。一応の目的は達成し、もう大阪に店を持つ必要がないので、店をたたんで西大寺へ帰った。

だが、いつまでも西大寺へ本拠を置いたのでは、たいして売り上げが伸びない。そこで岡山市内へ販路を拡張しようと思い、土地を探していた。岡山市砂子《いさご》町に適当な土地が見つかり、そこに店を構えて営業を開始した。名古屋、大阪のメーカーから安値でどんどん商品が入るので、岡山へ出てからは日を追って売り上げが増加して行った。商売は非常に繁盛し、従業員も大勢いた。仕入から記帳、販売の手配りと、睡眠時間を削っての重労働が続いた。

正明兄の死

昭和二十六年七月二十日。西大寺で「夜待祭」が行われる日。西大寺からも菓子の仕入れに、早朝から大勢の人が集まっていた。机に向かって伝票を切っていた兄が、突然ずるずるっと椅子から崩れ落ちて意識を失った。近くにいた父親がただちに人工呼吸を施したけれども、兄はついに蘇生しなかった。まだこれからという三十五歳の若い終焉であった。二歳年上の兄がフィリピンで戦死してから、兄嫁と幼い四人の遺児、それに両親、自分の家族四人、その上、店の従業員たちの生活がすべて兄の肩にかかっていた。温厚な人柄でスポーツ・マンタイプ、病気一つしたことのない兄は、大勢の人から慕われていた。ずっと後に人づてに聞いた話では、牛窓から仕入れに来ている祇園さんに「自分はある日、ぽっくり死ぬかもしれない」と洩らしたという。体力に自信があるから、相当無理が重なっていたのだろう。

とりあえず本拠地である西大寺の店に遺体を移して、葬儀が行われた。

さて、後の経営をどのようにするか、親族の間で協議が行われたらしい（剛たちは相談を受けていない）。

協議の結果は、正明兄の店（株式会社秀山堂）の経理を担当していた奥山氏と、名古屋の菓子問屋・柴周の社長の二人を立会人として、岡山の店は兄嫁に譲り、西大寺の店は、正明の奥さんに継がせることに決まった。そして、二人の取り分が同じになるよう、売掛金、商品、買掛金、運転資金を公平に二等分した。後継者の二人共、それで納得した。

分割後、岡山の店には、兄嫁の妹夫婦が来て手伝い、順調に発展を続けていた。西大寺には両親が帰って来て、正明兄の妻と孫の面倒を見た。

強力な助っ人

正明兄の未亡人、美由紀さんのところへ、兄が大阪へ店を出していた時近所の海産物問屋の番頭をしていた野上さんという人が「西大寺へ行き、店を手伝って上げましょうか？」と手紙を送ってきた。

大阪で美由紀さんとも親しく、西大寺に帰ってからも文通が続いていたらしい。口が達者、愛想が良くて、細かいところまで良く気がつく人で、義父も気に入っていた。そこで、すぐその話に飛びついた。まもなく野上さんは大阪の店を退職して、西大寺へ来てくれた。

商売がうまく、非常に神経の行き届いた人で、父はますます気に入った。野上さんと美由紀さんは大変仲が良さそうなので、二人を結婚させても良いと考えるようになった。しかし、二人の結婚には、次のような障害があった。野上さんは長男である(妹一人)、当方には正明兄の跡を継ぐべき三人の遺児（女十二歳、男七歳と五歳）がいる。

そこで次のような条件を承諾するなら二人の結婚を認める、と言い渡した。当方には相続人がいるので、野上さんを養子にはできない。次に現在西大寺の店にある土地、建物、什器備品、車輌、売掛金、商品、買掛金、運転資金等全ての管理を、無償で野上さんに任せる。野上さんはこれらの財産を運用して利益をあげた中で、三人の遺児を育て、遺児三人が成人に達した時には、受け継いだ財産を遺児に引き継いで、自ら儲けた資産を持って独立する。

以上のことを二人は無条件で承諾したので、いよいよ結婚する運びとなった。この柳町の店は、もともと剛が浜から資材を運んで建てた家である。立地条件がすこぶる良い。義父と正明兄の築いた「のれん」がある。卸しと小売り双方に固定した得意先を多数持っている。階下も二階も、本町の大きな二階建ての倉庫にも商品が溢れている。馴れた従業員が大勢いる。剛たちが無から商売を始めたのとは、全く条件が異なっている。野上さんの運営が良ければ、相当の資産を蓄えることができるはずである。

その後、黄道吉日を選んで二人は結婚式を挙げた。参列者は彩の両親、岡山の兄嫁、美由紀さんの両親と叔父、義父の甥で市会議員の小林氏、それに剛たち夫婦も招かれた。野上さん側は父上と妹さんが出席された。

結婚式の席上、義父から、前に述べた諸条件を守ることを、野上さんが承諾されたので、本日ここに華燭の典をとり行うことになったという説明がなされた。会場は義父が隠居所として新築した北端の二階座敷である。野上さんは二十二歳、美由紀さんは三十二歳。野上さんは背が高く、額が少し抜けて、ずっと老成した感じである。美由紀さんは小柄な美人で、とても三人の子持ちには見えない、野上家の籍に入る。似合いのカップルが誕生した。義兄が亡くなった翌年の秋であった。二人は非常に仲が良かった。やがて二人の間に女の子と男の子が生まれ、義父母は大変に喜んで慈しんだ。野上さんは郷里から、父上と妹さんを呼びよせ、店を手伝ってもらうことにした。妹さんは、しっかりした気立ての良い娘さんで、義父母とも仲が良かった。やがて、世話をする人があって、野上さんは妹に婿を迎え、近所に家を借りて住まわせた。こちらにも男の子が誕生、義父母はますます喜んで、他の孫と別け隔てなく、大事に面倒を見た。

義父が店から隠退して、野上さんは名実共に株式会社秀山堂の社長となった。

窮地に立つ

しかしやがて、まことに困った問題が起きてきた。野上さんと義父との関係が日を追うにつれ、次第に険悪になったからである。

野上さんが最初に西大寺へ来た当時は、義父に対して上官に仕える忠実な部下のようであった。しばらくすると、それは同僚に対する態度に変わり、しまいには意地悪い上官が部下に対するように変化して行って、到頭義母を虐待するまでに至った。

そんな状態だから、親戚のものも気軽に訪れることができなくなった。自分の子供には非常に子煩悩で教育熱心だが、三人の遺児にはしばしば暴力を振い、目に余る行動を取るようになった。三人の孫は隠居所の二階の祖父母のもとで小さくなって暮らした。困り果てた義父は何とかして野上さんに店から出てもらう方法はないかと考えた挙句、次のような提案をした。

「西大寺で新店ができるような、適当な家を見つけて買い取り、野上さんに差し上げますから、この家から出て行ってもらえないでしょうか？」

すると、野上さんの返事は決まっていた。

「私は結婚する際の条件の通り、子供が成人するまで養育する義務があるので、その義務を立派に果たしたいと考えています。今、その義務を途中で投げ出すようなことは、到底私にはできません」

どうにもならないので、義父が頼りにしていた甥で市会議員をしている人に相談し、野上さんに示した条件を改め

「柳町の家全体の、表半分にある土地建物を差し上げますから、残りの半分を明け渡してください（柳町の両間口の土地は、商店三軒分あった）」

という条件で再度交渉したが、野上さんからは前回と全く同じ答えが返って来た。隠居所の階下は、商品の倉庫に使われてしまっていた。

困り果てた義父は、当地の有力者である光藤建設の社長を頼んで「柳町の土地の、表から三分の二を差し上げますから、残り三分の一（隠居所）を明け渡してください」と、何度目かの交渉が行われた。

しかし、野上さんからは、判で押したように前回と同じ返事が繰り返されるばかりだった。その上、

「私と一緒に生活するのがそれほどお嫌なら、おじいさん貴方がどこかへ出て行かれたらどうですか？」

砂子町の事件

このように困難な問題を抱えている最中に、また大事件が発生した。

それは、兄嫁が経営している岡山の店について、二件の訴訟を同時に起こされたのである。一つは、砂子町の土地の所有者から「この土地は貴方に貸した覚えはないので、早急に建物を取り壊して、土地を明け渡してもらいたい」という内容のものであった。

他の一件は、「代物弁済による所有権移転の権利保全のための仮登記」がなされており、期限が過ぎたので、ただちに借金を返済してくださいと言うのである。

こうした事件が起きたのは、法律にうとい老人が、不動産屋にだまされた結果生じた問題である。その後不動産屋は行方知れず。とりあえず義父が二百万円を支払って、家の仮登記を抹消してもらった。土地の問題はその後、永い間、裁判が続いた。そして裁判の都度、岡山の兄嫁は「私は女で何も分からないから、お父さんが裁判所へ行って、よろしくやってください」と言うのみであった。

大阪の店を買うのも、砂子町を買うのも、野上さんを西大寺に迎えるのも、前もって剛は一度も相談を受けたことはなかった。

他に誰も頼るものがなくなったので、初めて剛は義父から相談を受けるようになった。

「女で何も分からない者が、多数の従業員を使って、大きな菓子問屋を経営して行けるはずがない。お父さんは大阪を売ったお金で砂子町を買いました。その残りのお金で土地問題を解決してもらいたいと思っているのではないでしょうか？　今は野上さんとの仲が難しくて、明日にも家を出なければならないかも知れないのだから、岡山の土地の裁判は、岡山に任せなさい」

と助言した。まだ、他にも、義父のお金を目当てに借金を申し込む者が、あとをたたないので、

「お父さんは商売をしていた時のような収入はもう無いのだから、もっとお金を大切にしなければ。今持っているお金で株式を買いなさい。その上で『私は株を買ったから、現金は一文も無くなった』と皆に宣伝しなさい。そうすれば誰も『株を売って金を貸してくれ』とまでは言わないでしょう」

とすすめた。

義父はまだ彩が幼いころ、相場に手を出して財産が半減した苦い経験があるので、それ

に懲り株式は所有していなかった。が、今度ばかりは剛の言うことを聞き入れて、超一流の株式を買った。この提案は全く大成功であった。後に述べるように、山崎の家を買った時、株の値上がり益だけで支払うことができ、当初の元本がそのまま残ったのである。

義父が家を買って出る

このようなありさまであるから、彩の両親は何とか適当な家を見つけて、柳町の家から出て行きたいと考えるようになった。

手ごろな家を捜していたところ、本町の剛の家の近くに売家があるのを知った。その話を持って来たのは戸村のおばさんであった。聞くところによれば、その家はなかなか複雑な事情のある家であった。「そんな家を買わないで、郊外で日当たりの良い隠居所に適した所を買ったらどうですか？」などと説得にかかり、実際に剛たち二人で歩いて探しまわった。

ちょうど中野に、さる大きな呉服屋の未亡人の、小ぎれいな別宅が売りに出ていたのを見つけてきた。明るくて静かで、剛はとても気に入った。

けれども義父は「将来、孫に商売をやらせたいから、商売ができる家としては、本町のあの店の外にないから、どうしても買いたい」と、思い詰めている。

そこで、剛が法務局に行って調べたところ、

西大寺市西大寺町〇〇〇番地ノ〇

宅地十六坪　家屋番号　×××番

木造瓦葺き二階建居宅一棟　建坪　九坪八合

二階坪　八坪五合　外

所有者　玉浦市上之町〇〇番地　須藤産業有限会社

抵当

西大寺市の為め差押　滞納金　二万七千四百六十一円

一、昭和二十九年　三月三日　須藤産業（有）　二十二万円

二、昭和三十一年　十月十五日　中国布帛（株）　二十万円

三、昭和三十二年十二月十九日　須藤産業（有）二十万円

（昭和三十四年八月二十四日閲覧）

以上であった。さっそく剛は須藤産業へ直接電話をした。そして代理人で責任者である

玉浦農協組合長の山形さんに、

「貴方が西大寺の本町に所有しておられる家を買いたいのだが、貴方は売る意思がおありでしょうか？」

と聞いたところが、大変に喜んで、

「ぜひとも買っていただきたい」

「それでは、売買の条件について相談したいので、私宅までご足労願えませんか？」

「必ずお伺いいたします」

先方は、まるで飛びつくように快諾してくれた。数日後、山形さんが訪れた。剛は同時に、世話人の戸村のおばさんと「家を買ってほしい」と言い、すでに所有権が離れていることも知らないで住み続けている山崎未亡人と、彼女の後見役の男と、司法書士の綿貫さんに集まってもらった。そして皆で相談した結果を剛がペンをとり、詳細に記載した原稿を作った。その原稿を読み上げ、関係者一同の諒解を得た。更にそれを、司法書士の綿貫さんに清書してもらい、参通作成して関係者全員が署名捺印して一部ずつ所持することにした。

そして山形さんには指定の期日までに、同土地建物の上にある抵当権と差し押さえを全部抜いて、登記簿をきれいにすることをお願いした。

宅地建物売買並に家屋明渡契約書

玉浦市上の町〇〇番地

売渡人　甲　須藤産業有限会社

玉浦市下之町

右代理人　山形　雄典

西大寺市西大寺千二百六十七番地

買受人　乙　津田　二郎

居住者　丙　山崎　時子

外二名

右当事者間において宅地建物売買並に家屋明渡契約が成立したので左の如く契約する。

以下売渡人を「甲」、買受人を「乙」、居住者　山崎時子外　名を「丙」と略称する。

一、宅地建物の略表示

西大寺市西大寺字本町〇〇番地

宅地十六坪　家屋番号　木造瓦葺き二階建　建物坪数他云々

二、売買代金壱百万円也
三、甲は自己の所有する宅地建物を金壱百万円にて乙に売渡し本日入金として金拾万円を受取った。残金は昭和三十四年九月十五日迄に丙が家屋明渡し後売買登記完了と同時に受取るものとする
四、乙は甲所有の宅地建物を金壱百万円にて買受け本日入金として金拾万円也を甲に支払い、残金は昭和三十四年九月十五日迄に丙の家屋明渡及売買登記完了と同時に支払うものとする
五、丙は該家屋に居住しているが昭和三十四年九月十五日迄に家屋を明渡すことを確約した
六、甲は丙に対し立退き料として金弐拾四万円を支払うことを約し本日入金として金拾万円を支払った。残金は昭和三十四年九月十五日迄に家屋明渡しのとき支払うものとする。尚立退の時別に餞別として金五万円也を贈呈することを確約した
七、丙は本日受取った立退き料の内金拾万円を以て公租公課、水道料、電灯料すべての支払いを完済するものとする
昭和三十四年九月十五日迄に家屋立退を完了するとき残金と餞別を受け取るものと

する

八、丙は立退期日を厳守するものとし万一期日迄に立退を完了しないときは立退料の残金、餞別も受取る権利は喪失され法律による立退要求をされても異議のないこと

九、右契約の条項をお互に履行することを約し万一履行できない場合に至ったときはその原因が甲、乙、丙の何れに存するとも社会的通念によって合議の上円満に解決するものとする

右契約の履行を約し且つその正確なることを証するために左に記名押印する

この契約書は参通作成し甲、乙、丙ともに所持する

昭和三十四年八月三十一日

売　主　署　名　印

買　主　署　名　印

居住者　署　名　印

仲介人　戸村　某　印

同　　　丘元　某　印

同　　　梶井　剛　印

後日、山形さんが登記の関係書類を持参してくれた。山形さんはご老体で、足も少し不自由な様子であったから、道中の安全を考え、中銀の記名式小切手で代金を渡した。今まで売りたくても、どうしても売れなかった山形さんは、肩の荷を降ろしたように、非常に喜んで帰って行かれた。また、義父も喜んでくれた。

今まで、この家の売買に関しては土地の有力者など何人か絡んでいたらしい。また、居住権があると信じている山崎未亡人は後見人の男と相談し、お金を受け取った後もこの家に住み続けることが充分予想されたので、剛はことさらそれを封じる文面を作成したのである。なお、山崎未亡人の立場をも考慮して、請求権は全くないのであるが、義父に頼んで立退料と餞別（約三十万円）を上乗せして買取価格壱百万と決めたのである。以上のことが分からぬ山崎夫人はその書類を持って有力者のもとへ駆けつけて不服を訴えたが、逆に、文面を読んだ相手側から説得されて一件落着した。このことがあってから、この有力者F氏は剛に好意を示すようになり、税理士に合格した時には、誰よりも喜んでくれた。

前にお世話になったことのある光藤建設に依頼して買った家の改装工事が始まった。新装成った家に義父は孫を連れて引っ越しを終わり、新しい家でのびのびと正月を迎えることが出来た。七十歳も半ばを過ぎ、義母の細い体は二つに折れ曲がって杖が必要になっていた。

ジキル博士とハイド氏

彩の友達に聡明で美しい傍目には申し分のない夫婦がいた。なぜか気心が合い兄弟姉妹のような付き合いをしていた。彼らの借家には風呂がないので銭湯へ行けばよいのに、わざわざ忙しい剛たちのために薪を買って来て剛の家の風呂をたいてくれた。そして四方山話の末、先に入浴して帰るのが日課となっていた。その理想の夫婦の関係が突然壊れてしまった。

奥さんが実家へ帰ってしまい、Y氏は奥さんの実家から離婚を言い渡されたのである。奥さんの実家にはしっかりしたご両親と兄、弟さんがいる。一方のY氏は母一人、子一人であったのが母上も亡くなられて天涯孤独の身であった。奥さんはY氏の戦死した兄さんのお嫁さんで八歳年上であった。母上が非常に気に入られて、弟さんの奥さんにと切望されたのである。

Y氏は頭も冴えて仕事のできる好青年であるが、いったんお酒が入ると全然別人になる。

目に見えない敵に脅迫されているように脅えたり、荒れるのである。若すぎる結婚に迷いの出た彼は酒場に出入りするうち、女に誘惑されて家に帰らなくなった。

事情を知った剛は考えた。このままではY氏の一生は駄目になってしまう。やはり彼を立ち直らせるには、あの思慮分別のある奥さんに帰ってもらうしかないと思った。そこでY氏に働きかけたが、彼はすでに諦めていた。

しぶる彼を引き立てて奥さんの実家を訪れた。剛が洋品店を始めて間もない頃で元気が余っていた。

そこでは奥さんのお父さんから、Y青年からまだ聞いていない新事実を次から次へ突きつけられて、剛は身の縮む思いで聞いた。充分に相手側の言い分を聞かされた後で、

「私に免じてもう一度だけ、この青年が立ち直るための時間をください。私が全責任を負いますから……」

と。それに対し先方は、

「娘をいったんそちらへ渡すからには、亭主がまた何か仕出かすようなことがあっても、もう家には入れない。貴方に預かってもらうなり何なり、自分の身の振り方は娘自身が決めなさい」

なかなか厳しい、しっかりしたご両親であった。剛は二人を伴って帰った。Y青年は見事に立ち直り、きっぱりと酒を断って、会社にはなくてはならない人間となった。後には会社のトップに次ぐ位置にまで昇進し、多くの人の期待に応えて立派な業績を残された。奥さんも上司や部下への気配りは抜群で、たいへんな賢夫人であった。

剛の誠意が通じたのか、地位も名誉もない若僧の剛を、先方の親御さんがよくも信用してくださったものだと思う。

第三章　たんちゃん、税理士に

都市計画

西大寺観音院の門前から東西に延びる本町通りの、真ん中辺りを分断し、北の赤穂線の駅から南の永安橋にかけて、トラックの通る太い道路を作る計画が前々からあった。それがいよいよ具体化してきた。剛の家は都市計画にかかり、早晩立ち退きを迫られる。今度はどこへ行って何をしたら良いのだろうか？　本町に来てから十四年が経過していた。後継ぎはいないし、背中を丸め、鼻水が垂れるまで頑張って「これが流行の先端です」と洋品を売るわけにもいかないだろう。年を取っても出来る仕事をと考えた。

若い時に法律を随分勉強しているので司法試験も考えたが、それには時間的にゆとりがない。移転したら早速、新しい仕事をしなければならない。税理士の試験も非常な難関と聞いている。いまさら就職も億劫だ。とにかく何か行動を起こさなければと考えて、昭和三十八年八月に商売をやめた。

その年の二月に義母が亡くなり、孫たちは東京の叔母を頼って行ってしまった。剛は税理士を目標に、先ず簿記の本を買ってきて勉強を始めた。同時に二人で近郷近在を歩き回って、新しく家を建てる土地を捜した。まだ、今のような造成地は、あまり見当たらなかった。造成していない田んぼを聞いてもらうと、法外な値段をつけられた。

そうしている間に、まず西隣の家が取り壊された。本町に来てから一度も日が当たったことのない台所が、いっぺんに明るくなった。

排水口をくぐって、よごれた白い猫が台所に入ってきた。出来たばかりの隣の空き地に捨てられたらしく、剛を見て慌てて逃げようとする。

「シロ。逃げなくていいよ。おなかが空いているんだろ?」と言うと、寄って来た。この日から家族の一員となった。家には、一年前に拾った赤猫がいる。雄同士だからシロをいじめるので、シロは二階で勉強している剛のそばを片時も離れなかった。

明くる昭和三十九年五月に日本商工会議所の簿記検定試験を受けて一級に合格できた。続いて税理士の受験勉強を始め、その年の終わりに相続税法、財務諸表論に合格した。その間に新居を建てる候補地を見つけて、昭和四十年の春から工事にはいる。九月になって家が完成し、二匹の猫と共に引っ越した。この年に国税徴収法、所得税法の二科目に合格。

新居は西大寺と岡山を結ぶ県道に沿っている。自動車の騒音を避けて、一軒分南の百六十坪の既成地を買った。家の基礎工事をしていると、隣の田んぼの稲藁が束のまま風に吹き飛ばされているのを見て、日当たりは良いが風の強いのに驚き、大変な所へ来たと思った。翌年、もう一度簿記を徹底的に勉強して簿記論に合格。昭和四十二年二月に開業した。

「今までよく働いて蓄えもかなり出来たから、これからの仕事は半分は社会事業のつもりで、永い間の経験と知識を皆さんのお役に立てていただこう。報酬はあまり期待しないこと」

と、二人で誓い合った。

戸村おばさんの危機

商売をやめて、剛が税理士の勉強を始めたころに、戸村のおばさんがふらっとやって来た。義父が買った本町の山崎商店の仲介をしたおばさんである。おばさんは、とうに連れ合いを亡くして気ままな一人暮らしである。

「せんだって、山口県の農事試験場に勤めている息子が招いてくれて、一緒に温泉へ行ってきた。親子水入らずで楽しかった。その息子が今になって『お父さんの名義の土地建物を、僕の名前に書き換えて欲しい』などと言うて来た。それで司法書士に頼んでおいたが、その書類が出来たというので、今、判子を持って行くところじゃ。梶井さんの顔が見とうなったで、ちょっと寄ってみた」

何も聞かないのに、先方が勝手にべらべらしゃべっている。

「ちょっと待った。おばさん。万が一ということがあっては困るけれど、もし、息子さんの名義に書き換えた後で、息子さんに死なれたら、おばさんは家にいる権利は無くなるんじゃ。お父さんのものは放っておいても、いずれは、おばさんの一人息子のものになる。これから代書へ行ったら、手数料はきちんと払って、その代わり、今こしらえた書類は破り捨ててしまいなさい。ぜったいに、判をついてはなりませんよ」

と、くれぐれも念を押した。戸村のおばさんは、剛の言う通りにした。それから何日かして、おばさんが血相を変えて飛び込んで来た。

「えらいことが起きた。息子が喉頭癌で亡くなってしもうた。あんなに元気に見えた息子が、信じられん」

と、おろおろ取り乱している。病名は本人にも知らされていなかったらしい。死期を知っている奥さんが名義変更をご亭主に働きかけていたのであった。息子さんには、子供が一人いる。

葬儀のあと、奥さんの身寄りの者が戸村のおばさんの所に来て色々と権利を主張した。息子さんの掛けていた保険金は、奥さんが受取人になっているし、結局、家を明け渡すか、売って分け前をよこせと言っているらしい。先方が訪れる都度、おばさんが「大変じゃ」「大変じゃ」と知恵を借りに駆け込んで来た。手を替え、品を替え、何度も、何度もやって来たが、家はおばさんのものだし、ついに相手は諦めて事は納まった。無事にお城を守り通すことの出来たおばさんは、気立ての良い若夫婦に店を貸して、自分は二階に居住し、若夫婦から大切に世話をしてもらっている。

税理士開業

始めてみたものの、すぐにもお客様があると思ったら全然。税務署へ勤めておられた方は、お得意先を持って退職されるとか。剛より少し遅く開業されたばかりの人がすでに十軒関与されているよと、人から教えられた。また、商店街に事務所を構えないで、日当たりを考えて郊外の閑散とした住宅地のど真ん中である。売り込みに行くわけにはいかないし、今まで新しい商売を始める度に顧客の顔ぶれが一変したから、また新規蒔き直しである。だいぶん永い間苦労してから、ぽつり、ぽつりと「くちコミ」で仕事の依頼がくるようになった。

税理士を開業して、まだ間のないころ、突然、中年の南条さんという婦人が訪れた。「実は税務署から、去年の所得税の修正を受けて、多額の税金を徴収された。しかし、私の店は小さく、売り上げも少なく、とてもそんなに儲けたつもりはない。大変困っているので、何とかならないでしょうか？」という相談を受けた。その奥さんはなかなか几帳面な人で、実にきちっとした帳簿をつけておられた。剛はそれを見て計算し直したところ、税金はあまりいらないと考えられた。そこで、「予定納税減額承認申請書」を作って、税務署へ提出した。その結果、七月と十一月に支払う予定納税額が軽くなったので、大変喜んでいただいた。

牛どろぼう

その数ケ月後、また突然、お住職と某農協の支所長が訪れて、「実は、私の知り合いの青年が大和農協へ勤めている。その農協では県の指導を受けて、肉用牛肥育組合を設立して、県の委託牛約百五十頭を飼っていた。この度、県庁から調査に来られて、『牛の頭数が、四十頭不足している』と指摘された。肥育組合では大騒動となり、農協へ勤めている青年が勝手に委託牛を販売し、その代金を着服した、と断定した。その青年はすでに百八十万円弁償させられている。事件はそれでは片付かず、もう二百四十万円を追加弁償しろと言う。もはや、支払承諾書に青年の判をつかされた上、親戚の人二人も保証人として、署名捺印させられている」と言うのである。

「もし、二百四十万円支払えば、田畑も家も宅地も、みな人手に渡ることになる。こうした結果になったのは、その青年が、どんな帳簿を作って良いのか、会計について全く無知だから、帳簿の記帳方法を教えてやってもらえないだろうか?」というような依頼を受けた。

そこで、いろいろいきさつを聞いてみたら、帳簿の問題ではなく、もっと根本的な誤りがあるように思われた。

「委託牛に関して、県の規定、大和農協の規定を全部持って来るように、青年に伝えてください」このように言って帰ってもらった。

実は、お住職と某農協の支所長が剛の事務所を訪れたのは、先に述べた「減額承認申請書」を作ってあげた、南条夫人の紹介によるものであった。

数日後、話題の青年が、それらの書類を持って現れた。剛がその書類を調べてみたところ、概略、次のように書いてあった。

「岡山県は、子牛百五十頭を大和農協へ貸与する。大和農協はこの子牛を肥育組合へ貸与する。肥育組合はこの子牛を大切に育て、牛が成長したら岡山県食肉市場へ出荷する。市場では、子牛を委託に出した時の牛の価格を差し引いて、残りを肥育組合へ支払う。そして牛は、県食肉市場以外へは絶対に売却しないこと」という条件がつけられていた。

肥育組合の経理を担当していたのが、安井青年である。安井青年の話をまとめると、

「肥育組合は、きわめてわずかの資本金で設立されており、事業に必要な自動車とか、牛に給餌する施設、牛に水を飲ませる設備、牧場の柵等に当てる金は皆無である。肥育組合の組合長は、自動車が必要であると思ったら、県の規定を無視して、市場でなしに肉の販売店へ牛を売って、そのお金で自動車を買った。組合設立直後から、そうした事が全く当たり前のこととして行われていた。その結果、肉の販売店へ売った牛の頭数だけ、県庁の帳簿より不足するのは当然のことである」

以上のことが理解できた。経理を担当する安井君には全く責任のないことで、組合の役

員の責任であることが判明した。また、安井君の持参した農協の普通預金の通帳へは、克明に牛を販売店に売った代金が入金されていた。その出納帳を詳細に調べると、入金した金額の多寡により、これは一頭売った代金だ、これは二頭売却した代金だということを、ほぼ正確に推定することができた。そして、その売却頭数を集計してみたところ、県が調査した結果、不足していると指定した頭数に、三頭足りなかった。この点について安井君に尋ねたところ、

「その三頭は、病死した子牛の数です。そして、牛の死体を埋めた場所は○○と××へ埋めました」と明快な返事である。

これ等の資料が整ったので、数日後、肥育組合の集会が行われた日に、剛と安井君と、その親戚の者が二人、総勢四人で出かけて行った。

自宅を出る前、迎えに来た安井君と、親戚の二人の、合わせて三人を前に剛は次のように述べた。

「今問題になっている二百四十万円を、支払わなくても良いようにすることはできます。けれども、支払済みの百八十万円については、相手の人数も多いことだし、取り返すことはきわめてむずかしいと私は思います。そういうことでよろしければ、これから肥育組合

へ行って交渉してみます。それでもよろしいですか？」

念を押したところが、

「そうしてもらえば、助かります」

という返事だったので、引き受けた。

肥育組合での談判

先方では、組合役員が全員出席していた。剛が組合の人々に対して「この中には組合の監査役の方がいらっしゃるはずですが、どなたでしょうか？」とたずねたところ、「私です」一人の男が名乗り出た。剛はその人に対して、

「実は、肥育牛の頭数が不足したという件について、ここへ安井君が大和農協の普通預金の通帳を持参しています。これから、組合が食肉業者へ販売した牛の頭数、ならびにその代金について、安井君に説明させます。どうか聞いてやってください」

と頼んだ。そして、安井君は農協の普通預金通帳を指さしながら、

「○月○日、××万円、これは牛一頭の代金です。○月○○日、△△万円、これは金額が多

いから牛二頭の代金です」

といったふうに、詳細に売却頭数、売却代金を説明した結果、県が指定した不足頭数にわずか三頭の差で一致した。

「そして、その三頭の不足数は、肥育中に死亡した牛の頭数で、それぞれ何処と何処々々へ埋葬しています。これで、安井君が勝手に牛を売却して、その代金を着服したのではないことが明白になりましたから、損害賠償金二百四十万円は、支払う理由がないと私は思います」

と剛は言い切った。この会談は、我々が四人、先方は約二十人の多数で、会談中しばしば吊し上げをくった。

「安井、お前は牛を泥棒しとる。警察へ言うたら、ぶた箱へ放りこまれるぞ」

などと、ひどい罵詈雑言を浴びせられた。そこで剛は、

「全く横領していない安井君が、警察で処罰される筈はないが、県の規定を無視して、委託牛を三十七頭も勝手に処分した、組合長や理事の方々の処罰は、いったいどうなるとお思われますか?」

と言ったところが、いっぺんに静かになった。

この会談は、午後六時ごろから始まって、午前一時ごろまでえんえんと続けられた。お互いにのびてしまって、結論が出ぬまま散会した。

剛はその帰途、安井青年宅へ立ち寄り、

「もうこれで、二百四十万円払う必要は絶対にありません。もし、請求してきたら、預金通帳をもとに『牛の売却代金は全部、預金通帳に入金済みです』と、くりかえし主張すれば、よう請求はしないでしょう」

と、よくよく念を押しておいた。

本件の本当の原因は、牛の売却益（売上代金から子牛の代金を引いたもの）が、飼育費（飼料代、人件費、その他の経費）に及ばなかったための赤字が、非常に大きかったからである。

真夜中の闖入者

そのような事件があってから、十日ほど後の夜十時ごろ、突然剛宅の裏の勝手口の戸をドンドン、ドンドンと激しく叩く音がした。表は雨戸を閉めていたのだが、ちょうど彩が入浴中で風呂の明かりが外に洩れていた。剛が表玄関の扉を開けると、初対面の百キロを優に超える巨漢が立っていた。とりあえず座敷へ通した。右手の薬指に、よく目立つベタ金の大きな指輪をはめている。脂ぎった赤ら顔、座布団の上にこんもり盛り上がったひざ、がっちりした肩幅、まるで大きな岩を据えたようである。

意識してかどうか、とにかく大きな声である。男の言うには、

「俺は委託牛に関係している者である。安井君はすでに、二百四十万円弁償するという書類に押印しており、安井君の親戚の二人の保証人も捺印している。そのような次第だから、二百四十万円を支払ってもらわねば困る」

そこで、剛は、

「その書類には、安井君が『牛を四十頭勝手に売却して、その代金を着服したから、二百四十万円弁償する』というので署名捺印したものであります。しかし、先夜、肥育組合の役員の方々に説明した通り、牛の売却代金は全部農協へ入金されています。安井君は、一頭の牛の代金も着服してはいない。そういうわけですから、貴方が持っておられる書類は全く無効で、払う必要はありません。こういう事件が起きた本当の原因は、牛の売却益よりも飼育経費が大幅に超過して、毎日毎日ふくらんだ結果生じたものです。貴方もこの問

題から、早く手を引かれた方が良いのではないですか？　今、どんな良い解決方法を考えたとしても、三月もすれば、また数百万円の赤字が出て、どうにもならない結果になります。結局、一日一日赤字が出ている肥育組合からは逃げるより方法はないんですよ」

じゅんじゅんと、先方が理解できるよう具体的に例をあげて説明した。百キロオーバー氏は、入って来た時の威勢が次第になくなり、小さな声で、

「よぅく分かりました。俺はもう、この件から完全に手を引きます。どうもお世話になりました」

そう言って座布団から降りて、四十キロの剛の前に両手をついて、深々と頭を下げた。すでに、午前二時を過ぎていた。来客の去った後、寝そびれてしまったので、熱いお湯を沸かし彩と二人でティー・タイムを楽しんだ。

どのような争いに臨んでも、剛は相手の体面を傷つけたり、退路を塞ぐようなことは絶対にしない。それ故に後日、大和農協役員の一人、柳原さんが別件の、ご自身の問題で相談に見えた。

小春日和

それから数年後の冬の初め、前ぶれもなく、彩の遠い親戚のおばさんがやってきた。尾関のおばさんが訪れるのは、これが初めてで、もちろん剛とは初対面である。なぜ、おばさんが訪問する気になったのかは、今もって分からない。剛の家はバス停に近いから、バスに乗ってふらっと降りたのかも知れない。とにかく、おばさんは、やって来た。

彩を交えて、よもやま話の末、おばさんは家族についての愚痴をこぼし始めた。これは長くなりそうだと思った彩は「ちょっと、やりかけの仕事があるので」と、おばさんに断わって部屋を出た。

剛は陽の当たる、暖かい縁側におばさんを誘った。彩が茶菓を運んで来た。剛は、一生懸命、おばさんの話を聞いていた。田舎の人は田んぼ越しに話をするので、声が大きくてよく透る。

長い、長い、おばさんの話をまとめると、次のようになる。

「私の生まれた家は貧しくて、兄弟姉妹が多いので、口減らしのためにお嫁に出されたのです。私が今の家に嫁入りした当時の尾関家は、舅が米の相場に手を出して大損をした結果、先祖から受け継いだ土地のほとんどが人手に渡り、わずかに家と屋敷が残ったありさまでした。当時の小作農家の生活は大変みじめなもので、秋に収穫した米の約半分は、小作料として地主に納めねばならず、この残った米の中から肥料代やその他の経費を差し引くと、手元へ残る米はごく僅かじゃった。

そのような暮らしの中で、何とかして元の自分の田んぼを買い戻そうと努力した。そのころの私は、年も若く元気だったんで、朝は暗いうちから夜は遅くまで、四人の子どもを育てながら一生懸命に働いたんです。そうして、少しずつ田んぼを買い戻していった。何十年もそうした苦労を続けて、半分は買い戻すことができました。戦後の農地改革のおかげで、残りの田んぼも元どおり買い戻せたんです。永い間激しい労働をしたために、私の手足の指は、これ！　見てくださいよ。こんなに変形してしもうたんですよ。私はこんな苦労をして、ようやく一人前の自作農になることができたんです。三人の娘たちはおかげさまで、裕福な農家やサラリーマンに嫁ぎ、末の長男夫婦と一緒に暮らしております。

私が今までの苦労話を、長男や嫁にしても鼻の先であしらって、本気になって聞いてくれる者がいない。いま、長男や孫たちは、非常に恵まれた生活をしております。けれども、あの家の経済を立て直したのは私なんじゃ。それは、それは並大抵の苦労で出来ることではなかった。それが誰にも分かってはもらえない。幼かった長男は分からなかったとしても、親の苦労を見て育ったはずの実の娘でさえ、分かろうとしてくれないのは、全く淋しいことです」

長い、長い話に耳を傾けていた剛は、自分自身が少年のころ、父親が破産して奉公に出され苦学しながら誰もが容易には受からない難しい試験を受けたこと、終戦後インフレの最中、一文の資本もなく釣銭だけで商売を始めて非常に苦労した経験などを思い出し、おばさんが可哀相で仕方がなかった。それで、一日中仕事を休んでおばさんの話を聞いていた。朝来たおばさんは、日が暮れるまでいた。剛たちは、心からもてなした。おばさんは、非常に喜んで、

「私の話を本気で聞いてくれたのは、あんただけじゃ。今日はもう、家には帰りとうないから、一晩ここに泊まりたい」

と言い出した。夕陽が家並みの向こうに沈みかけている。無断で家を出てきたらしいので、心配するといけないから一応自宅へ電話したら、息子夫婦が自動車で迎えに来た。おばさんは、後に心を残しながら、

「ありがとう。ありがとう。また、来ますよ」

振りかえり、振りかえり帰って行った。

それ以来おばさんは、若い人にけむたがられる苦労話を、いっさいしなくなった。人はだれでも多かれ少なかれ、聞いてもらいたい悩みごとを持っている。誰かが本気で聞いて、そして理解してあげられたら、追い詰められなくてすむ。おだやかになったおばさんは、二、三年後に世を去った。

その後、おばさんの田んぼは、新興住宅地の真ん中に取りこまれた。息子は値上がりした田んぼをいくつか売ったお金で、残りの田んぼへ借家を十数軒建てた。もし、おばさんが生きていて、これを見たら何と言うだろう。

断ち切られた両親の夢

義父は本町の家を買ってから、孫の誰かが商売を継いでくれる日を夢見ながら、一年後に世を去った。長女は高校を卒業すると、叔母を頼って東京へ行ってしまった。残された義母は二重に曲がった腰を伸ばし、伸ばしして、遠方の私立高校へ通う男の子の世話に明け暮れていた。まだ電化製品は普及しておらず、真冬の暗いうちから起きて、豆炭や練炭に火をつけて、孫の弁当を作ったりしていた。

「この頃は景気が悪くて」と、野上さんと結婚した美由紀さんからのわずかの仕送りも絶えてしまった。それを聞いた剛は、店員を一人余分に雇ったつもりで、一ヶ月分の給料を義母に渡すことにした。義母は大切に、孫のためにのみ使った。高校三年になった男の子が突然「東京の大学へ行きたい」と言い出して、義母を慌てさせた。高校を出て就職してくれたら、と考えていた義母は、心身ともに燃えつきて、義父の死後三年めに生涯を終えた。最も寒い真冬の朝であった。

剛たちが入院した義母の世話をしていた時、美由紀さんは終始、傍観者であった。剛は店を閉めて、店員さんと三交替で看病した。

義父は親類の間では財産家で通っていた。だから身近で世話をしている剛たちに、孫の背後から監視の目が光っていた。けれども、二人のほかに進んで世話をしてくれる者が、誰もいないので、「このままでは、お母さんが可哀相だ。何とでも思いたい者には思わせておけば良い。彩の母親だから最後まで私が面倒を見よう」と話し合って、お葬式は二人で出させてもらった。

葬儀の終った夜に孫たちは、義父が大切に保管していた株券を前において、「価値が分からないので、三人でどのように分けたら良いのか、教えてほしい」と言う。剛は、その日の新聞を広げて、孫たちの目の前で時価を計算し、ほぼ三人が平等になるように分割した。後々、誤解を招かないように、その書類を人数分作成して、それぞれに渡しておいた。総額壱百参拾四万四千参百七拾四円也(昭和三十八年二月七日)。その他の財産については一切関知していない。

そして、これから社会へ出て行く彼らに、剛はクイズを出した

「世の中に一番多くて、一番少ないものは、なぁに?」

三人はしばらく考えてから、「分からない」と言う。

「それは人間です。貴方たちが将来社会人になったとしよう。どんな所でも上に立つ人は、優秀な人材を一生懸命さがしている。人間は多いが、人材はなかなかいない。陰日向なく働いて、求められる数少ない人になりなさい。これが、おじちゃんの『はなむけ』です」

彼らは神妙な顔で聞いていた。それから間もなく、長男は法政大学に、次男は東京の高校に入学するため、姉と共に東京に去った。後には空き家と仏壇が残され、彩が仏様を祭ることになる。

作戦成功

義父が本町に家を買って出るまで、野上さんと美由紀さんの仲は非常に良かった。両親が亡くなると、野上さんは美由紀さんに暴力を振うようになった。店に通ってくるS夫人とも関係を結ぶまでになった。美由紀さんは完全に無視されるよう仕向けられた。美由紀さんはお嬢さん育ちで、子どもの世話はいつも義母や店の誰かがしていた。野上さんとの間の子どもも例外ではなく、S夫人の手に委ねられた。

S夫人は小股が切れ上がって男好きのする顔で、小柄できびきびしていた。勘が鋭くて気性も強く、てきぱきと仕事をこなした。到底苦労知らずの美由紀さんの及ぶところではなかった。

居場所を失った彼女は、とうとう我慢の限界に達し、着のみ着のまま家出をして剛の家にやって来た。実家は目と鼻の先にあるのだが、野上さんに連れ戻されるので駄目だと言う。

「東京の娘に手紙を出したから、間もなく迎えに来るはずです。それまで、かくまってください」と頼む。

暑い夏の日で、彩の肌着に着替え、ようやく落ち着きを取り戻した。野上さんの遠大な計画が功を奏し、ついに津田家全員の追い出しに成功したのである。

間もなく娘の理恵が迎えに来て、母親を伴って東京に去った。

土地、家屋明け渡し訴訟

しばらくしてから理恵が、野上さんの理不尽な行為をいつまでも許すわけには行かない、と思い詰めるようになった。そこで、東京で弁護士を頼んで訴訟を起こすことにした。西大寺にある土地、建物等はすべて、未だ義父の名義のままである。遺産相続人は彩と、戦死した長兄の遺児四人、正明の遺児三人である。弁護士に言われたのだろう、理恵は東京から帰ってくるなり彩に「叔母ちゃん、今すぐ市役所で印鑑証明をもらって来て、司法書士に遺産放棄の手続きをしてください。早く、早く」と急き立てた。それから「弟が未成年だから、叔父ちゃん、後見人になって」と頼む。今までの色々ないきさつから、剛は断わった。

「ちょっと名前を貸してくれるだけで良いのに。あとは適当にこちらでやるから。そんなら親類のお爺さんに頼もう」と、いとも簡単に言うので、

「後見人は絶大な権力を持っている。その人は最も相応しくない人だから止しなさい」と忠告すると、「東京の叔母さんに頼もうかしらん」と決まった。次に岡山の長兄の遺児四人にも遺産放棄を迫ったらしい。

そして柳町の「土地家屋の明け渡し訴訟」を起こした。

裁判で岡山へ帰る都度、理恵は剛の家を宿にするのだが、友達や親戚巡りが忙しくて、ろくに話をする暇がなかった。

何も言わないから、裁判は順調に進んでいるものと思っていた。ところが、突然、理恵が東京の弁護士を伴って訪ねてきた。

「一晩泊めてもらって、裁判に必要な資料を梶井さんから集めたい。このままで行くと当方の負けになる。何とか助けてもらえないでしょうか？」

と弁護士から懇願された。聞いてみると東京の弁護士は、現在野上さんが経営している(株)秀山堂の成り立ちについて、ほとんど何も知っていなかった。いったい、この人たちは今まで何を根拠に争ってきたのだろうか？　剛はしばらく絶句した。やがて、剛は知っ

ている限りを順を追って詳しく話した。

弁護士や理恵の話では、野上さんが大阪にいた時、津田家の子どもに貰ったという「おじちゃん、早く西大寺に来てください」と、たどたどしい平仮名で書かれたハガキ（孫たちは記憶がなく、文面も文字も確認し難い）をだいじに持っている。さらに、美由紀さんと家の賃貸契約をして、美由紀名義の郵便貯金の通帳を作り、家賃として毎月五千円ずつ預け入れており、それを写真にとって「約束どおり家賃をきちんと払っているので、この家を使用する権利がある」と主張している、ということであった。

この時、弁護士から剛に「ぜひ証人になって出廷してください」との申し入れがあった。

彩は理恵に言った。

「私は、父が大変な努力をして財産を作るのを幼少から見て育ったし、その手伝いもした。その上、この柳町の店は遠方から資材を運び、建築完成まで実際に私たちが労力奉仕をして建てた、汗と涙の思い出の家でもある。この大切な柳町の店を私たちが協力して取り戻して上げても、すぐに売ってしまわれるのでは力を貸す張り合いがない。むしろ、この家が好きだから出たくないと、この店に執着している野上さんの方がまだ増しです」

それに対し理恵は、弁護士と剛たち二人の前に両手を突いて誓った。

「決して、直ぐに売るようなことはしませんから、力を貸してください」

弁護士は、「以前、梶井さんの作られた書類を理恵さんから預かっているが、この文面通りに話をすれば、簡易裁判所の段階で、すでに解決していたのに」と不思議がっている。美由紀さんが家出をして剛の家に来た時、剛が「簡易裁判所に行くように」と言い、文面を口述して理恵に清書させた書類のことである。剛は人情に訴える文面を作成したのだが、実際は利害の応酬に終わったらしい。「他人の知恵は役に立たないということですよ」と剛は言った。

証言台に立つ

昭和四十三年四月二日。

四年越しの裁判は終盤に近づき、有力な決め手のないまま、九分九厘、訴訟を起こした姪の敗色が濃くなっていた。東京から弁護士が到着、タクシーを呼び、三人は午後二時過ぎに地方裁判所へ行った。

裁判所では入廷後、宣誓をして証人席につき、訊問が始まった。

三枝弁護士（当方）　野上さんが拵えた秀山堂を知っていますか？

梶井　そんなものは、あるはずがありません。従前から義父が作った（株）秀山堂があり、その営業所が岡山と西大寺にあって、長男の妻と次兄が共同で経営していました。次兄死亡後、義父が会社を解散して、岡山にある土地、建物、その他の財産で、（株）雄町商店を創立しました。また西大寺にある土地、建物、その他の財産で（株）秀山堂を作りました。そして、当時取り引き関係の深かった名古屋の菓子問屋「柴周」の社長と秀山堂の経理を担当していた奥山氏に中に立ってもらい、旧会社の全財産を双方へ公平に二等分しました。その秀山堂が、現在西大寺にある会社であります。

三枝　新（株）秀山堂の設立費用は、誰が出したのですか？

梶井　設立費用はもとより、出資金も全部、義父が出しました。

三枝　野上さんと会社との間に、土地建物の賃貸について、何か話し合いがありましたか？

梶井　そんなことは、あるはずがありません。

三枝　それは、何故ですか？

梶井　大変複雑なことなので、一口では申し上げられません。話が長くなってもよろしいでしょうか？

裁判官　結構ですから、詳しく話してください。

梶井　野上・美由紀の結婚については、条件がついておりました。その内容は、次兄の死亡時、津田家には三人の子どもがあり、かなりの財産がありました。人情の常として、義父はこれらを孫に譲りたいと望み、二人の結婚の際、

(一) 野上さんを養子にすることは出来ない。

(二) 西大寺に現存する土地、建物、商品、運転資金、売掛金等の管理運用を野上さんに委ねる。

(三) 野上さんは前述の資産を運用し、その運用の利益をもって、三人の子どもが成年に達するまでの間養育すること。

(四) 野上さんは、子どもが成年に達したなら、義父から預かった財産を孫に返して、他に土地を求めて現在の店を出ること。

という内容のものでした。会社は立地条件も良く、かなり大規模な、菓子の卸し、小売りをしていましたので、以上述べた負担をしても、尚、経済的に余裕を生じ得ると考えられました。

義父は、以上の条件でもよいかと尋ねたところ、野上さん、美由紀共に異議なくこれを承諾しました。それで義父は、二人の結婚に賛成したのであります。そのような条件で二人の結婚が行われましたので、野上さんは本件土地、建物を無償で使用する権利を持っておられます。したがって野上さんと義父や会社との間に、貸借の問題が生じる余地が無いのであります。もしも野上さんが「こんな立派な店を、無償で使わせてもらうのは申し訳ないから、気持ちだけでも家賃を払わせてください」というほど立派な人であったなら、私が本日証人としてこの法廷に出席するまでもなく、本件土地、建物はすでに孫たちへ返還されているものと思います。それは、孫たちがすでに成年に達しているからであります。

裁判官　その条件はいつ知ったのですか？

梶井　両人の結婚式場において、本人夫妻はもとより両家の親族一同列席の上、義父の口から以上の説明がありました。私は列席者の一人として、その席上で聞きました。然しその席上、野上さんからは、これを否定する何らの発言もなかったので、承諾せられたものと信じております。

裁判官　よく分かりました。

三枝　係争中の土地、建物の賃貸料は、どのくらいが適当と思われますか？

梶井　立地条件の良い場所で、二方が道路に面しております。付近の売買実例から考えて、坪当たり十万円以上の価値があるものと思います。仮に十一万円としますと、六十三坪ありますから、約七百万円となります。国税庁が相当な地代と認めているのは、地価の年八パーセントでありますから、年五十六万円が相当な地代となります。

竹内（野上側の弁護士）　あんな田舎の土地を、そんなに出して借りる人がありますか？

梶井　あの土地は両間口と申しまして、家の両側が道路に面し、広さが六十三坪ありますので、そんな広い土地の貸借が行われた例を知りません。が、土地いっぱいに建物が建てられており、普通の小売店なら三軒が営業できます。すると家賃は、月一万五千円となりますので、そのくらいの価値はあると思います。

三枝　野上さんとご両親の仲はどうでしたか？

梶井　野上さんが初めて西大寺へ来られた当時は両親に対して、自ら奴隷が帝王に仕えるような態度で奉仕していました。それがしばらくすると部下が上官に対するような態度に変化しました。そしてその次には同僚に対するようになりました。さらに日が経つと、上官が部下に対するようになり、最後には、帝王が奴隷に対するように変わりました。ついには、義母を虐待するようになりました。

裁判官　虐待された事実について、知っていますか？

梶井　野上さんの居間のお金が紛失し、使用人が疑いをかけられて泣いていました。母がかばってあげたら、野上さんが怒って母を突き飛ばしたため、母は唇に怪我をして血が流れました。母が抗議したところ、野上さんは顔を真っ赤にして凄い形相で「もう一度ぬかしてみい。口を引き裂いてやるぞ」と怒鳴りつけました。そんなことが度々あるので、前後十回ぐらい親族会議を開いて、野上さんと交渉しました。

三枝　交渉のいきさつはどうですか？

梶井　初めの段階では、年寄りや子どもたちをもっと可愛がってくれるようにと要望しました。次の段階では、仲良く一緒に生活ができないのなら、もう一軒適当な家を買って商売が出来るだけの資金を出すから、別居してくれるようにと要望しました。

前後十回ほどのこのような折衝の際、野上さんから得られた回答は、判で押したように全く同じものでした。

「私は結婚の際の条件のように、子どもが成人に達するまで、立派にこれを育てて行く義務があります。もし、途中で義務を果たさず別居、離婚等をするのは最低の人間のすることで私にはできません。私は子どもが成人に達するまで、誠意をもってこれを養育する積もりです。財産を分けてもらうとか、お金をもらうとか、そんな汚い考えは毛頭持ってはいません。子どもはまだ成人に達しておりませんので、成年に達するまでは一生懸命に私の義務を果たします」

という大変立派な、型にはまった回答をいつも受け取りました。

三枝　野上さんの夫婦仲はどうでしたか？

梶井　初めのころは大変仲が良かったのですが、両親が別居し、ことに母親が亡くなってからは目に見えて悪くなり、しばしば暴力を振うようになったので、最後に美由紀は耐えかね家を出て娘の所へ行きました。

三枝　野上さんの不貞行為について、何か聞いたことがありますか？

梶井　色々聞きました。しかし、私は何も証拠を持っていません。

三枝　S夫人との関係については何か？

梶井　S夫人とは肉体関係があり、私はどこにあるのか知りませんが、岡山市の×××ホテルへ二人がしばしば行っているそうです。

竹内（野上側弁護士）　野上さんは、西大寺には知人もなく、親族はみな妻の側ばかりで相談相手もなく、困っているというようなことはありませんか？
梶井　野上さんは、お父さんや妹さんを郷里から呼び寄せて店を手伝わせており、何時も親子三人で相談しながらやっておられたようです。
竹内　野上さんも結婚後、いろいろ苦労があったように思われませんか？
梶井　野上さんは本場の大阪で海産物問屋の番頭をなさるほど経験もあり、口も私よりはずっと上手です。身体も元気ですから、「のれん」も資産も充分ある店の経営は、そう苦労はなかったと思います。
竹内　そうではありません。精神的なことをお尋ねしているのです。
梶井　家族間の問題では、色々気苦労があったかも知れませんが、野上さんが来られる前から両親も三人の子どももおり、野上さんが来られてから、家族が増えたのではありません。津田家の五人の家族と一緒に生活するということは、野上さんは充分ご承知の上で結婚なさったのですから、その後のことは私は知りません。
裁判官　野上さん夫婦の間には、結婚前に恋愛関係があったのでしょうか？　また、子持ちで年齢も違い、年寄りもいるという状態のもとで結婚するからには、何か特別に有利な条件でもあったのでしょうか？

梶井　二人は大阪で家が隣同士であった時知り合いとなり、その後大阪の店をたたんで帰ってきてから後も、互いに文通がありました。

次兄死亡後も「行って店を手伝ってあげようか」という話があったくらいですから、恋愛関係があったと考えねば仕方がないように思います。もし、そうでないとすると、財産目当ての欲にかられた行為であったとしか考えようがありません。

義父は証拠となるような書類は、何も残していなかったが、剛の証言はすべて認められた。三枝弁護士は「完璧な証言であった」と非常に喜んだ。

三枝弁護士が言うには「裁判長は、『野上さんは計画的に財産を乗っ取る積もりのように思われる節がある。両者の間で、和解について考えてはどうか？』と話していた」そうである。

「天に口なし、人をして言わしむ」天意が剛にそうさせたのだろう。考えるまでもなくすらすらと、言葉がひとりでに口をついて出て来たのである。

結審

それから二年半ほどして昭和四十五年十二月十日。最後の裁判の前日である。その後、理恵から裁判の様子は何も聞いていない。明日は大事な日だから、何かと相談することがあるだろうと心待ちにしていたが、いくら待っても現れない。夜になってようやく到着した。

「京都で途中下車して友達と逢ったの。友達と別れたあとで、よその社内旅行のグループに誘われ、タクシーで市内を見物して回り、精進料理をご馳走になった。お礼に社長さんにウィスキーをプレゼントしといたわ」

嬉々として語った。のんびりしたものである。もう遅いので、こちらは何も言わなかった。

翌日九時過ぎ、東京から来た弁護士と理恵、剛と彩の四人は、タクシーで家を出た。前月二十五日に三島由紀夫氏が割腹自殺したので、その話が出た。

「三島由紀夫の名前が世界中に知れ渡るから、本が物凄く売れるでしょう。作家の自殺は、世間に与える影響が大きいから」と彩が言った。途中で剛たちは別れて、病院に知人を見舞った。

二人が家に帰ってくつろいでいると、理恵から電話がかかってきた。

「野上さんが言うのに、下の男の子があと三年たったら高校を卒業するので、それまでは今まで通りの生活をさせて欲しい。三年したらこの家を出ます。その際、立ち退き料として百万円くれと言うの。それで和解した」

剛は「それはよかった」と言い、後で弁護士は「私に相談もなく立ち退き料を理恵さんが勝手に承諾した」と電話をしてきた。

次兄が亡くなってから十九年、母の没後七年にしてやっと裁判が終わった。野上さんは四十、美由紀五十、理恵二十九、二人の弟は二十六歳と二十四歳になっていた。弟たちは東京の学校を出て社会人になっており、家を取り戻したいきさつについては、ほとんど何も知っていない。

野上さんが出たあとの空き店を、借りたいという申し込みが殺到し、その都度相談を受けた。当時の借家法は借り主に有利で、家を出てもらうことも家賃の改定も困難であった。よく考えるようにと伝えているうちに、剛たちの頭越しに柳町の店も、本町の店も、倉庫もみな売ってしまった。

野上さんが去った後には一物も残っていなかった。それに対して孫たちは全く無関心であった。西大寺に住む気はなく、家は換金の対象でしかなく野上さんがまともに買う気になれば孫たちは「高い、安い」に関係なく売ったであろう。ただ、野上さんは最後まで作戦が成功すると信じていた。末の孫からは「叔母さんは何の権利があって、僕が自分の家を売るのに口を挟むのか?」と、彩宛てに手紙が届いた。彩は返事を書かなかった。

誤　解

昭和五十三年三月、富屋町に住む彩の甥が突然訪れて「佐和山にある父親の墓を、もとの竹田の墓地に移したい」と言った。

義父は昭和二十九年に土地の素封家から五十坪の佐和山の墓地を、多額のお金を支払って権利を譲り受け、故郷の竹田から先祖代々の墓をここに移して祀っていた。山の入口、駐車場に近い高台で、北側に谷を見下ろす特等地である。墓地は石垣の上にあり、白い塀で囲まれている。入口には小さい屋根の下に自ら彫った「竜宮園」の札を掲げ、鉄柵を開いて石段を上がると、サツキの生け垣で仕切られた西側墓地にご先祖様が並び、戦死した長男、過労で早世した次男、続いて義父たち夫婦の墓も出来ていた。

墓地の東半分を庭園にして、四季折々の花木を植え、紅梅、白梅、桜、椿、木蓮、雪柳、木瓜、木犀等々、シキビも植えてある。その上、水に困らぬように井戸まで掘っていた。晩年の義父は弁当持参で、植木の手入れをしながら、早世した息子たちの墓のそばで過ごす時間を楽しんでいた。

雨宿りや日陰になる大樹も植えてあり、また、墓地からの眺めは良くて日光は燦々と降りそそぎ、時折り小鳥のさえずりも聞こえて静かだった。

昭和三十五年にその義父が亡くなり、義母は腰が二重に曲がって、高校生の孫の世話がやっとの状態で、「お墓の草取りをするものが誰もいないから、頼みます」と、彩が引き受けることになった。剛の家から約三キロの距離である。

年に三回、特に春の彼岸からお盆の間に草は身の丈ほども伸びて、まさにジャングルの有様である。ていねいに掃除すると五時間では足りない。

戦死した長兄の家族は富屋町におり、次兄の家族は大阪に住んでいる。義父が亡くなって以来十八年間、彩の実家の墓掃除を剛たち二人で続けて来た。二人には後継ぎがいないから、いずれは富屋町の甥にあとを頼むしか方法があるまいと考えていた。

さて、これは困ったことになった。お墓の祀り手がなくなってしまう。

よくよく理由を問いただしてみると「亡父は分家になっているから」と言う。まさか？そのような理由で由美さんが義父と疎遠になっていたなどとは、夢にも知らなかった。剛は甥に「戦前は長男が家督を相続していたが、戦後は法律が改正され、長男も結婚すると親の戸籍から分かれる」と説明した。甥は面倒な事件が起きると、いつも剛のところへ相談に来て、絶対に信頼してくれていた。が、この時ばかりは、永い間のわだかまりが簡単には消えそうもなかった。

後日、剛は大阪にいる次兄の長男に「緊急に相談したいことがあるので、いつ、こちらへ帰れるか？」と電話をかけた。そして双方の都合の良い日に剛宅に集まってもらった。

ちょうど運よく、そのころの新聞に、このような記事が載っていた。

「特に新家族法が実施になって直ぐのころは、長男が結婚していつの間にか親の戸籍から抜け出しているといって、役場に怒鳴り込む親の話もよく聞かされた……」剛はこの小さな紙面を切り抜いて甥に見せた。

そして、双方の甥と剛たちで話し合って、「墓地に関する協定書」を作製し、円満な解決を見た。

その中身は、墓石のある方は長兄の息子が誠意をもって管理する。残りの東部分（庭園の方）は、大阪の甥と彩が責任をもって維持する。お互いに管理上必要と認めて行った処置に対しては、一切異議は申し立てないこと、というもの。岡山の甥夫妻、大阪の甥と剛たち二人が署名した。それから、書類を三部作って、それぞれに渡した。

誤解の発端は昭和二十六年に遡る。当時岡山市砂子町に義父母と次兄、それに長兄の家族五人とが住んでいた。菓子の卸し問屋を営み、毎日多忙を極めていた。ある日、仕事中に次兄が過労で倒れて、ついに意識を取り戻さなかった。悲嘆にくれる両親に追い討ちをかけるようなことが起きて、両親は西大寺に引き上げて来た。何事にも強気の義父があのように顔を曇らせて、苦悶する姿を見たのは初めてである。

「息子の存命中はもとより、戦死してからは残された家族が不憫で、心底大切に護り育ててきたのに、正明が亡くなると由美さんの態度が一変した。近くに住む彼女の叔母さんたちが毎日やって来て、私たちを実に冷やかな目で見ている。毎日が針の筵に座らされているようで、いたたまれなくなった。理由が皆目分からないので、手の施しようがない」と言う。

剛には、義父が心の中で号泣しているのがよく分かった。柳町で私たちを見捨てても、亡き長兄の家族に愛のほとんどを傾けた義父である。

よくよくのことであったに違いない。その時から二十七年目にして漸く真相が判明したのである。次兄の亡くなった後、何かの機会に戸籍簿を見て、法律が変わったのを知らずに「無断で分家されていた」と固く信じ続けていた由美さん。戦争がなかったら大きい兄は戦死しなかった。正明兄も過労死しなくてすんだ。兄たちが生きていれば絶対にこのような悲劇は起きなかった（ずっと後に戸籍謄本を調べてみたら、次兄は法の改正前の昭和十五年十月一日に、義父により分家届けが出されていたのである）。

よく話し合えば直ぐに分かることを「捨てられた」と一方的に思いこんで、何十年も苦しむなど、ご当人にとっては大変な悲劇である。義父が存命でこれを聞いたら、さぞびっくり仰天しただろう。また、義父母が砂子町に留まっていたら、後に起きる土地問題も解決してくれたに違いない。もっと相手を信じていれば絶対に起き得ないはずである。誤解は解けたが、案外このような思いこみが、世の中には多いのではないだろうか？

それからさらに数年が経ち、大阪の甥の仕事が軌道に乗り、子どもたちも増えて大きなマンションに引っ越したので、ご先祖さまの位牌を剛宅に迎えに来てくれた。

「墓地に関する協定書」で双方の甥が顔を合わせて以来、往来のなかった二人が剛の家を仲立ちとしてお互いの消息を伝え合っている。二人とも会社を経営して交際範囲が広く、さわやかで素敵な壮年である。

この時から大阪の甥は夏休みに剛の家を宿にして、毎年、家族全員で墓掃除に帰省するのがならわしになった。

兄弟商会

正月三か日も過ぎ、家でくつろいでいると、関与先のU夫人がひょっこり現れた。「正月に最上稲荷に詣でた帰りに、主人と主人の弟が些細なことから仲たがいしてしまった。どちらも自分の主張を曲げないので、もう、会社は解散するしかない。私は既に諦めている」と言い残して帰った。

この件は、以前、個人で家具の販売並びにリフォームをしていた、関与先のK氏が、ある日、そのU夫人を伴って訪れたことから始まる。

「自分の店に永年勤めてくれている兄弟に仕事を譲って、自分は現役から退きたい。会社を設立しようと思うのでその手続きをお願いします。この夫人は兄弟の兄さんの奥さんで、経理を任せたいから教えてやってください」というので出来た会社である。会社の設立にあたっては、理由があって弟が社長になった。弟を立て何年も仲良く、仕事も繁盛を続けたのだが、正月気分からか、兄弟の甘えなのか、お互い鬱積したものをぶつけ合ってバランスがくずれてしまったのである。

見兼ねた、例の親代わりのK氏が仲裁に入っていたが、双方一歩も譲る気はないので、とうとうK氏から剛は懇願される羽目になった。

翌日、剛は朝食をすませてから会社へ九時ごろに出向いた。まず、一人ずつの言い分を気が済むまで充分に聞くことにした。弟さんが帰ってから今度は、兄さんが心の中に積もりに積もった感情を、満足できるまで吐露してもらった。その最中、夜中の三時半ごろK氏があたふたと飛び込んできた。

「午前三時に、先生のお宅から電話があり、『主人がまだ帰らないのですが、お邪魔しているでしょうか？』と。その時私は、もうとうにおうちへ帰られたものと思って寝ていました」と、眠気の吹っ飛んだ顔で驚いていた。

そしてＫ氏を交えて三人で話し合って、とにかく弟の顔を立てることにして一件落着した。夜明け前、家に帰ったら彩が食事の用意をして寝ずに待っていた。

「食事は出たの？」と聞く。「そんなもの出るはずがない。相手の立場を考える程、気持ちにゆとりがあれば、最初から争いなど起きはしない。こういう問題はいっきに片付けてしまわないと、間をおいては駄目なんだ。とにかく眠りたいから食事は後で」と寝床にはいった。

この経験が土台になって、解散しては元も子も無くなるので、お互いに譲り合うようになり、その後は兄弟仲良く順調に業績を伸ばしている。

同族会社

関与先の農機具屋さんから紹介されて、建設業の帳簿をみることになった。株式会社の設立から始まり、事務員の記帳指導などを頼まれた。前月の試算表を持参すると度々、追加や訂正があったりするので骨が折れた。

「遡って修正はできない。次の月で修正するように」と助言した。需要が伸びて業績が上向いてきたころ、社長から「古参の従業員に支店を出させたいのだが」と、相談を受けた。「自分が現場にいなくても、支店の全てを把握出来る能力がなければ危険だ」と、思いとどまるよう説得した。

社長は明らかに不満の表情を見せた。その矢先に古参の従業員が、資材を持ち出しては換金して遊興費に当てていたのが発覚した。そのために支店の話は立ち消えになった。

社長には二人の頼もしい後継者がいた。兄弟は仲がこじれると他人よりも難しいと言われるが、社長は自分の性格に似た兄の方を身近に感じていた。兄の方はすでに家庭をもっている。今度弟の方に縁談が持ち上がり、大学を出た体格の良い誠実そうな配偶者を得た。さっそく会社の記帳を手伝うことになり、基礎から教えることになった。冷静で着実に知識が吸収されて行き誤りが少なくなった。弟は創業以来の父を助けて陰日向なく働き、業績を伸ばしてきた。弟夫婦の存在が重くなるにつれ、父親と長男対次男の間に溝が生じるようになった。父親は長男に会社を継がせたいので、次男夫婦の存在が邪魔になりだしたのである。

亀裂は日を追って深まって行き、決定的なものとなった。父親の知人や有力者の方々が何とか円満に納まるよう説得したが、徒労に終わった。

最後に剛が相談を受けた。剛は会社に出向いて、最初に社長の言い分を心行くまで聞くことにした。社長に指定されたとおり午後から出かけて話は深夜に及んだ。社長は言いたいだけ言うと「私は疲れたから、もう帰って寝ます」と、さっさと帰ってしまった。

その後、剛の家から電話がかかってきた。彩が「以前、兄弟商会のトラブルで、朝食をして家を出てから帰るまで、二十余時間も食事抜きだったことがあります。主人は身体が弱いので、軽いお粥でも食べさせてやってください」と、胃腸薬の離せない剛を案じていたそうである。次男の奥さんが温かい夜食を運んで来た。次男夫婦と話し合ったのだが、結局、一夜ではなかなか解決しそうになかった。

今度は社長の方から、自分の側に立ってもらおうと剛の事務所を訪ねてきた。

剛はまず、次男の長所を上げて褒めた。すると社長は「貴方はどちらの味方ですか？」と不満をあらわにした。双方の長所を認め合って仲直りして欲しかったからである。だいぶん前の話であるが、当時、社長の報酬は毎月数十万で夫婦二人の生活では充分のはずである。預貯金を尋ねてみると、思ったほど持っていない。宗教に凝っていて、いろいろな役を任され注ぎ込んでいるらしい。日を改めて次男夫婦に来てもらった。父親の長所を上げ、

「いっしょに会社を立て直す気はないか？」と聞いた。

「もう、そのゆとりはありません。明日にも荷物をまとめて、名古屋の親戚を頼って故郷を捨てようと覚悟を決めました」という。

次男は働き者で「まさかの時に頼れるのはお金だから」という剛の言葉を忠実に守り、節約して、かなりの預金を蓄えていた。剛は、次男の方が次期社長に相応しいと判断した。

その上で会社のこれまでの営業実績から「会社の株式の時価」を計算することにした。それから「会社の株式の五十パーセント以上を取得するに足るお金がありますか？」と次男に聞いたら「あります」という答が返ってきた。

この話を社長に伝えると、目の前にお金を積まれた社長と長男は、条件も付けずに受け入れて、こじれにこじれた難事件は見事に解決を見た。その後、次々に残りの全株式も買い取りを完了した。

苦労人で時流を見る目に長けた新社長と、これを支える賢い奥さんは、支店までも出して、この不況にもめげずに益々発展を続けている。

あとがき

物語りの主人公『たんちゃん』は、昨年五月「ちょっと病院で検査してもらって来る」と言って出かけたまま、帰らぬ人となりました。

「人のお役に立っている間は、神様が生かしてくださる」と一日、一日を大切に、悔いのないよう真面目に暮らしていました。少し体力も衰えたので「もうそろそろ休息なさい」と神様がお召しになったのでしょうか？　多くの人の幸せを願いながら、市井の片隅で、命を終わる最後の日まで、一生懸命に生きた人間がいたことを記録に残しておきたいと思います。

私たちは「ポツダム宣言」を受け入れた年の、なぜか大晦日に式を挙げました。大晦日はなにしろ商家の書き入れ時です。そんな中を、復員してから自動車学校の教官をしていた正明兄が、学校から車を借りてきて、私と両親を八キロ先の『たんちゃん』の家まで運んでくれたのです。

終戦後、預貯金は封鎖され、一定額以上は金融機関から引き出せなくなりました。現金で蓄えようとしても「新円切替え」で、隠したお金は使えないのです。農家から食べ物を手に入れるのも物々交換でした。都会の人々は生き延びるために高価な衣装を惜しげもなく、お米やカボチャ、馬鈴薯や玉葱などと交換しました。私の実家は菓子店で戦前は手広く商いをしていましたが、敗色が濃くなった頃から商品が乏しくなりました。戦後は木の玩具やら、干しバナナなどを売っていました。

時には約束を反故にされたこともありましたが、父や兄に商売をさせてもらわなかったら、今頃は生きていなかったと思います。

たんちゃんが親戚の稲刈りを手伝いに行っていた留守に、私が急病になったことがあります。その頃は今のように電話が普及していなかったので、連絡の方法がなくて、一人でもがき苦しんでいました。日暮れて、たんちゃんが農家からお米を一升もらって帰りました。私の父に連絡し医者が来て、ようやく苦しみから解放されました。父はお医者さんにお金ではなく、大きな「きりだめ」にお米を一杯詰めてお礼をしました。「きりだめ」とは、長方形の、重箱を大きくしたようなものです。多かれ、少なかれ、闇の食料を買わなければゼッタイに生命を維持できない時代だったのです。

たんちゃんのお父さんは派手な人で、色々馴れない事業に手をそめ、銀のキセルを手に商品を大阪方面まで、船で売りこみに行っていたそうです。士族の商法は失敗し、家族の苦労が始まりました。母親の実家は裕福な地主で、精米業も営んでいました。お嫁に来る時には持参金代わりに田んぼを一反もらいました。実家で援助はしてくれても、到底かばいきれるものではなかったのです。たった一人で世間に放り出された、たんちゃんは、自分の生き方について全責任を負わねばなりませんでした。

私と結ばれてから、一人娘で我儘に育った私に、最初にこう言いました。「人の良い面だけ見て暮らそうよ。その方が自分自身も楽しいから」と。また、柳町で苦労していた時「思うように行かないのが当たり前で、少しでも良いことがあったら、あぁ、有難いと思え」と諭しました。少年時代、追い詰められた環境で暗い方面ばかり見ていたら、一日も生きて行けなかったのだろう。その中で彼なりに体得した哲学なのだと、後になって次第に理解できるようになりました。

たんちゃんは人から相談を受けると、自分の持っている知識を惜しみなく伝えました。人はそれを自分の知恵として出世したり成功して行きました。縁の下の力持ちに徹しているたんちゃんを、歯がゆく思うこともありました。中には背を向けて去って行った人でも、頼って来られれば「去る者は追わず、来る者は拒まず」と言って、親身に相談に乗っていました。いつ、また裏切られるかも知れない相手と分かっていても。私は到底そこまで寛容になれませんでしたから、たんちゃんに迷惑をかけたかも知れません。たんちゃんの周りにはいつも多くの人が集まって来ました。たった一度だけ私に「自分の知識も財産も、己の利欲のためにだけ使うのは強欲非道だ」と、厳しい顔で言ったことがあります。日ごろは静かなたんちゃんの気迫に、返す言葉もありませんでした。

ねこと遊ぶ晩年のたんちゃん

洋品店の前、一時期、菓子と並べて本屋さんをしていたことがあります。その時は生き生きして毎日仕入れに行き、店番をしながら楽しんで読んでいました。その後、片手間の本屋さんは成り立たないことが分り、やめました。

私の母が真冬の一番寒い時に倒れ、入院してから亡くなるまで十日間ほど店を閉めて看病しました。男物のジャンパーなど、冬物が最も売れる時期でした。ごっそり売れ残ってしまいました。都市計画が具体化して、その年で商売をやめる積もりでしたから、全商品を大安売りして処分することにしました。よその店では繰り返し広告を入れ、繁盛している店がありました。私の店では一度も広告したことがありません。当日も「店じまいにつき全品大安売り」と大書した看板を店の前に立てただけでした。半信半疑で入ったお客さんの口コミで、日を追って人が増えました。まだ一度も顔を見たことのないお客さんが大勢押しかけて来ました。その中には、自分が着られそうにない派手な衣類を「人に上げるから」と買いこんで行ったお婆さんもいました。そのあと残った衣類は全部、施設へ寄付しました。現金で仕入れると一割ほど安く買えます。その分だけ安く売ります。現金販売でしたから、集金の苦労はありませんでした。

振り返って見ると、岡山市の大空襲で何もかも失い、裸で同じスタート・ラインに並んだ人たちが、十年余り経った後、菓子問屋になろうと思った人は菓子の問屋に、うどん屋になろうと望んだ人はうどん屋に、元の場所に元の形で見事に復興を遂げているのに感動しました。人は目標を掲げて努力すれば、必ず願った通りに実現できるものだと確信しました。

税理士を始めてからも、様々な出会いがありました。ある町工場では小さな特許を持っているのが自慢でした。バブルの頃、台湾へ進出したいと言うので話の内容を聞いた上「言葉の壁があり、国状の異なる相手との取り引きは、よほど条件が揃わない限り危険だ」と言い、止めました。次に「山林を買いたい」と言い出しました。土地が盛んに値上がりしている時でした。「本業以外のことにお金を使うと、お金が寝てしまう。山林が高く売れる期待は持たない方が良い」と思い留まらせました。その次に「専属下請けになっては絶対にいけません。受注の相手先は分散しておくように」と口が酸っぱくなるほど言ってありました。ようやく新しい取り引き先を開拓した頃に、古くからの納入先が倒産したのです。勿論大損害でしたが、辛うじて連鎖倒産だけは免れました。危ういところでした。

たんちゃんの「悩みごと何でも相談」は、実によく繁盛しました。こちらはほとんど無報酬でしたが、本業と、松下幸之助さんの会社へ投資していたので、生活の心配はありませんでした。

たんちゃんは身体が弱かったので自らを厳しく律し、その代わり接する人には細かい心配りを忘れませんでした。私は彼の肩の荷を少しでも軽くしようと簿記とワープロを習得して手伝いました。仕事以外の雑事はさせないようにしました。それでも難事件を持ち込まれると、たんちゃんは自分の事などすっかり忘れ、夜を徹することも再々ありました。「人間は神様ではないのだから、お互いの非は咎めないことにしよう。仕事以外ではお互いの分野に口出ししないこと」と約束し合いました。私が童話を書いたり、油絵を描くのも許してくれました。「巧くならないで。凝りすぎると仕事に差し支えるから」と念を押して。私は仕事をしなかった時間を、徹夜で仕訳帳から元帳へ転記するなどして取り戻しました。私の友達が訪れると「うちの奥さんは気が利きませんので」と、コーヒーや紅茶を運んで大切にしてくれました。友達の中には私をだしにして、子どもの家庭内暴力などをたんちゃんに相談に来る人もありました。傍らで見ていると、結果に振り回されることなく、当事者も気がついていない根本原因を解析しているようで、それで例外なく解決していました。

健康に自信がないので外食や遠出を好まず、地味な生活の中で蓄えた財産を、自分が育ててもらった社会に還元するように遺言がありましたので、岡山市へ寄贈いたしました。たんちゃんと一緒に暮らしてから「もう、これが最後」というような大きな壁に何度も突き当たりました。その都度たんちゃんは、障害を決して他者の責任と諦めないで、創意と工夫で乗り越えてきました。「どんな人でも、この世に存在価値のない人はいない。自分に何が出来るか？　何を求められているのか？　人生は自分探しの旅である」と言っていました。

さぁ、私も未知の明日に向かって、気持ちを新たに自分探しの旅に出かけます。

平成十四年十月

亀井寿子

本書は、たんちゃんが書いていた資料を元に、私が纏めました。
梶井剛はたんちゃんのペン・ネームで、本名は亀井五郎です。

著者プロフィール

亀井 寿子（かめい ひさこ）

1921年、岡山市生まれ
岡山県立西大寺高等女学校卒
住友電気工業、住友通信機工業勤務後、結婚。その後、仕事の傍ら創作に励む
市民の童話にて「まほうのペンキ」が優秀賞
岡山県文学選奨・童話「二人のリタ」入選
「火片」同人
著書に『猫のかあさん半生記』

たんちゃん

2002年3月15日　初版第1刷発行

著　者　亀井 寿子
発行者　瓜谷 綱延
発行所　株式会社文芸社
〒160-0022　東京都新宿区新宿1－10－1
電話　03-5369-3060（編集）
03-5369-2299（販売）
振替　00190-8-728265

印刷所　東洋経済印刷株式会社

ISBN4-8355-5391-8 C0095